车迷不可不知的 100个 智能 汽车知识

郭建英　赵鹏媛　主编

U0314251

化学工业出版社

·北京·

内 容 简 介

本书主要介绍了与智能汽车相关的知识。全书内容共分六章，分别介绍了智能汽车关键技术中令车迷比较感兴趣而又相对难懂的内容，以图文并茂的形式，做深入浅出的介绍。内容涵盖智能汽车的基础知识、驾驶辅助系统知识、摄像机知识、传感器知识、车载网络与通信知识、导航定位知识和自动驾驶的前瞻技术相关知识等。

本书内容深入浅出、通俗易懂、系统实用，适合广大车迷和汽车爱好者以及对智能汽车知识感兴趣的读者阅读和参考。

图书在版编目（CIP）数据

车迷不可不知的100个智能汽车知识／郭建英，赵鹏媛主编.—北京：化学工业出版社，2023.1
ISBN 978-7-122-42406-8

Ⅰ.①车… Ⅱ.①郭…②赵… Ⅲ.①智能控制-汽车-基本知识 Ⅳ.①U46

中国版本图书馆CIP数据核字（2022）第194418号

责任编辑：黄 滢　　　　　　　　　　装帧设计：刘丽华
责任校对：宋 玮

出版发行：化学工业出版社（北京市东城区青年湖南街13号　邮政编码100011）
印　　装：中煤（北京）印务有限公司
710mm×1000mm　1/16　印张12　字数180千字　2023年4月北京第1版第1次印刷

购书咨询：010-64518888　　　　　　　售后服务：010-64518899
网　　址：http：//www.cip.com.cn
凡购买本书，如有缺损质量问题，本社销售中心负责调换。

定　价：69.80元
版权所有　违者必究

前言 — PREFACE

汽车，不仅仅是人们的代步工具，它也代表一种文化。

随着我国百姓收入的持续提高，国内汽车保有量也与日俱增，与此同时对汽车感兴趣的"车迷"也越来越多。车迷们对汽车知识的需求相较一般人来讲更加强烈一些，他们迫切需要大量的关于汽车构造、原理、设计思想、风格形态、历史文化等方方面面的知识来武装自己，丰富自身的精神生活。当然，他们可能对于汽车的基本知识已经比较熟悉，所以希望能够获取内容更深一些或者说是更加前沿一点的汽车知识，如智能汽车和新能源汽车的相关知识等。鉴于此，在化学工业出版社的组织下，我们编写了本书。

本书主要介绍了与智能汽车相关的知识，内容共分六章，包括智能汽车基础知识、智能汽车驾驶辅助系统、智能汽车摄像机与传感器、智能汽车车载网络与通信技术、智能汽车导航定位技术、智能汽车自动驾驶的前瞻技术等。每章内容又包含若干个问题和答案，基本涵盖了车迷和汽车爱好者们普遍关心的实际问题。

本书在编写过程中，以通俗易懂的文字进行介绍，采用"问答与图解"相结合的编写模式，目的是使读者的阅读过程更轻松、更加一目了然。力求将书中内容与实际生活紧密结合，读者在遇到问题后能够在书中快速查找到自己关心的问题和答案，并让每一个知识点都能够学为所用，真正地为车迷服务。

本书适合大众车迷和汽车爱好者、青少年、中小学生以及对汽车知识感兴趣的读者阅读与参考。

本书由郭建英、赵鹏媛任主编，潘婷婷、黄鸿涛任副主编，范海涛、江利材参编。此外，佛山市劳模和工匠人才创新工作室为本书的编写出版提供了大量技术支持。在此一并表示感谢！

由于编者水平所限，书中难免有疏漏和不妥之处，敬请读者批评指正。

编　者

目录 — CONTENTS

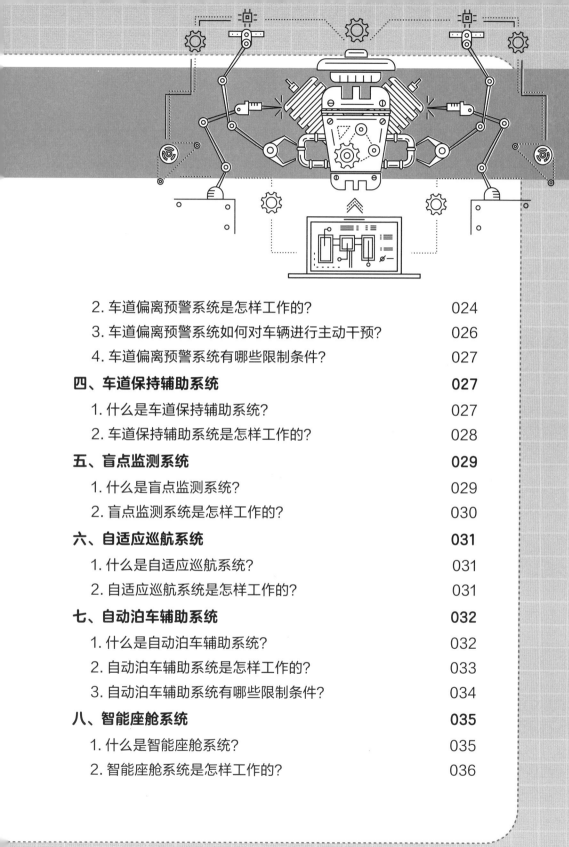

目录 — CONTENTS

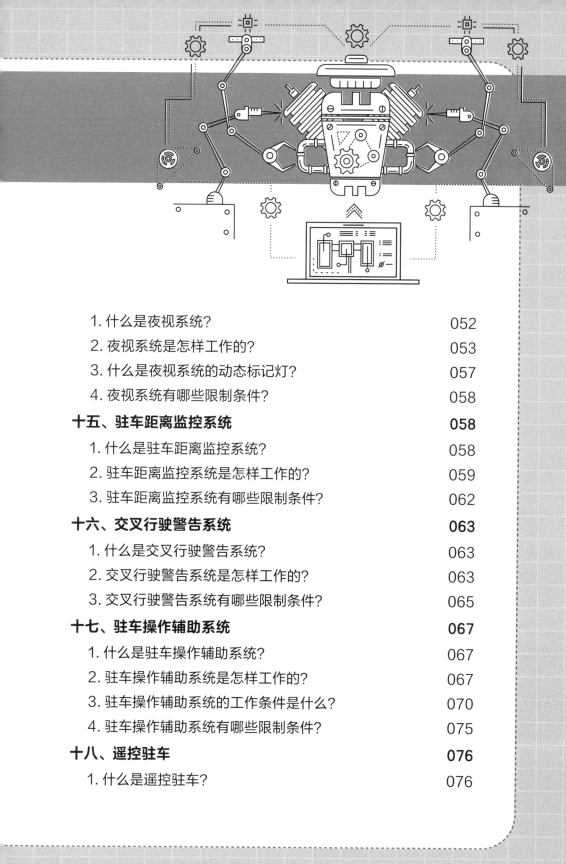

目录 — CONTENTS

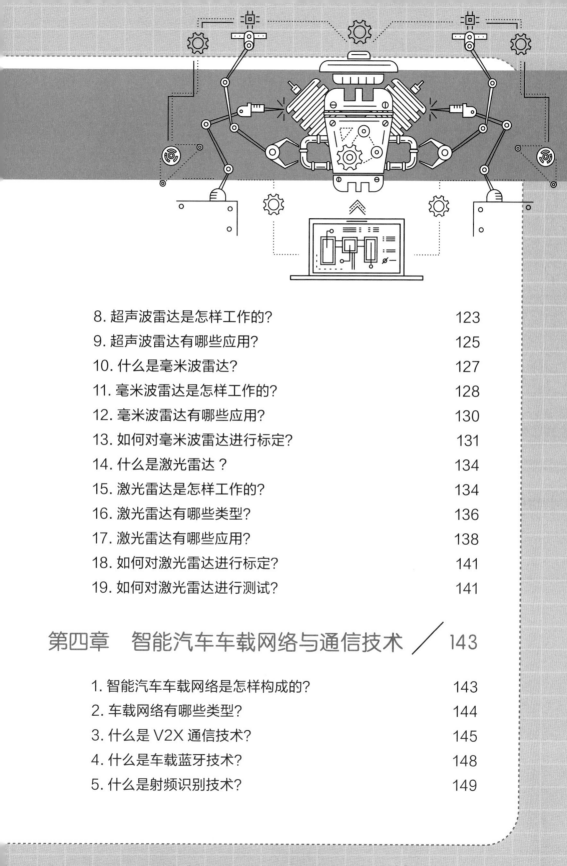

第四章　智能汽车车载网络与通信技术　／　143

目录 — CONTENTS

第一章
智能汽车基础知识

 什么是智能汽车？

（1）智能汽车的定义

智能汽车是指搭载先进的车载传感器、控制器、执行器，并融合现代的通信与网络技术，实现车与X（人、车、路、云等系统）之间进行智能化的信息交换、共享，具备复杂的环境感知、智能决策、协同控制等功能，可综合实现安全、高效、舒适、节能行驶，并最终实现替代人来操作的新一代汽车。

智能汽车是一个集环境感知、规划决策、多等级辅助驾驶等功能于一体的综合系统（图1-1），它集中运用了计算机、现代传感、信息融合、通信、人工智能及自动控制等技术，是典型的高新技术综合体。对智能汽车的研究主要致力于提高汽车的安全性、舒适性，以及提供优良的人车交互界面。

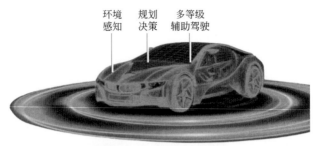

图 1-1　智能汽车的组成

（2）车联网

车联网（图1-2）是指以车内网、车际网和车云网为基础，按照约定的通信协议和数据交换标准实现车与X（人、车、路、云等系统）之间进行无线通信和信息交换的大系统网络，是能够实现智能交通管理、智能动态信息服务和车辆智能化控制的一体化网络。

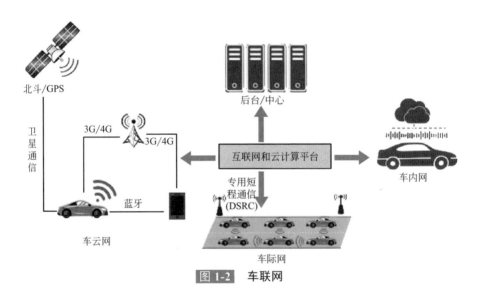

图 1-2　车联网

（3）智能汽车的分类

❶ 自主式智能汽车（图1-3）：指依靠自车所搭载的各类传感器对车辆周围环境进行感知，依靠车载控制器进行决策和控制并交由底层执行，实现自动驾驶。

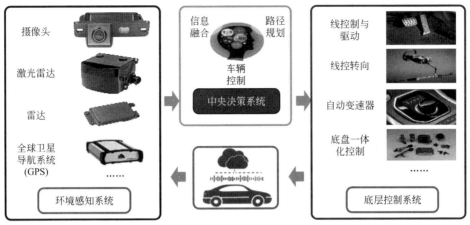

图 1-3　自主式智能汽车

❷ 网联式智能汽车（图 1-4）：指车辆通过 V2X 通信方式获取外界的环境信息并帮助车辆进行决策与控制。

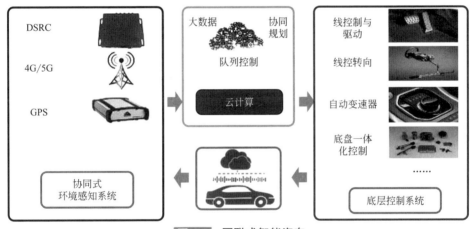

图 1-4　网联式智能汽车

 # 智能汽车与传统汽车有什么区别？

　　传统汽车主要植根于性能、动力、油耗等维度，偏重于驾驶的乐趣；而智能汽车则植根于车、人、路、基础设施等多方面的交互，更加看重人与车、人与人、车与车及人车与外部环境的智能交互、体验和服务等。

智能汽车比传统汽车多了一双可以覆盖各个角度的"眼睛"，多了一个极具智慧的"大脑"，还多了执行力超强的"手脚"。

1925 年 8 月，一辆名为"美国奇迹"的无线遥控汽车正式亮相，该车由美国陆军电子工程师 Francis P.Houdina 通过无线电遥控的方式，来实现车辆方向盘、离合器、制动器等部件的远程操控。虽然与"自动驾驶"相距甚远，但这是人类历史上第一辆有证可查的自动驾驶汽车。

谷歌自动驾驶汽车于 2012 年 5 月获得了美国首个自动驾驶车辆许可证。

2014 年 12 月中下旬，谷歌首次展示自动驾驶原型车成品，该车可全功能运行。

2014 年 4 月，百度公司与宝马公司宣布开始自动驾驶研究项目，并在北京和上海路况复杂的高速公路上进行测试。

3 智能汽车的国内外发展趋势是怎样的？

（1）智能汽车的国内发展趋势

❶ 2016 年，工业和信息化部组织行业加紧制定智能网联汽车的发展战略、技术路线图和标准体系，交通部在实行"两客一微"的车辆管理方面也已经为智能交通管理积累了丰富经验。

❷ 2018 年 3 月 1 日上午，由上海市经信委、市公安局和市交通委联合制定的《上海市智能网联汽车道路测试管理办法（试行）》正式发布，全国首批智能网联汽车开放道路测试号牌发放。上汽集团和蔚来汽车拿到上海市第一批智能网联汽车开放道路测试号牌，当天下午，两家公司研发的智能网联汽车就从位于嘉定的国家智能网联汽车（上海）试点示范区科普体验区（E-Zone）发车，在博园路展开首次道路测试。2018 年 12 月，天津市交通运输委、市工业和信息化局以及市公安局联合启动天津市智能网联汽车道路测试，天津市西青区和东丽区开放了首批智能网联测试道路。同时，天津卡达克数据有限公司和北京百度网讯科技有限公司获得了天津市首批路测牌照。

❸ 2020 年，中国 L2 级智能网联乘用车的市场渗透率达到 15%，L3 级自动驾驶车型在特定场景下开展测试验证。高精度摄像头、激光雷达等感知设备已达到国际先进水平，为多款主流车型供货，智能驾驶（MDC）计算平台、车规级 AI 芯片在多个车型上进行装车应用。多地加快部署 5G 通信、路侧联网设备等基础设施建设，加大交通设备数字化改造力度，开展车路协同试点，支持企业进行载人载物示范应用。

❹ 2020 年 2 月，中央网信办等 11 部门联合发布《智能汽车创新发展战略》，明确提出要确保用户信息、车辆信息、测绘地理信息等数据安全可控。完善数据安全管理制度，加强监督检查，开展数据风险、数据出境安全等评估。12 月，住房和城乡建设部、工业和信息化部联合发布《开展智慧城市基础设施与智能网联汽车协同发展》文件。

❺ 2021 年 2 月 24 日，《国家综合立体交通网规划纲要》印发，提出建设融合感知平台，推动智能网联汽车与现代数字城市协同发展。

❻ 2021 年 4 月，为进一步推动智能网联汽车产业健康有序发展，加强道路机动车辆生产企业及产品准入管理，工信部组织起草了《智能网联汽车生产企业及产品准入管理指南（试行）》，提出了智能网联汽车功能安全、预期功能安全、网络与数据安全及车联网卡实名等有关要求，并向社会公开征求意见。

❼ 2021 年 5 月 6 日，住建部官网公布智慧城市基础设施与智能网联汽车（"双智"）协同发展首批示范城市，北京、上海、广州、武汉、长沙、无锡 6 市入选。

❽ 2021 年 7 月 13 日，中国互联网协会发布了《中国互联网发展报告（2021）》，在车联网领域，2020 年智能网联汽车的销量超过了 303 万辆，同比增长了 107%。车联网为汽车工业产业的升级提供了驱动力，已被提到国家战略的高度，我国车联网标准体系建设已经基本完成。

❾ 2021 年 7 月 27 日，工业和信息化部、公安部、交通运输部印发了《智能网联汽车道路测试与示范应用管理规范（试行）》的通知。

（2）智能汽车的国外发展趋势

❶ 美国：将发展智能网联汽车作为美国发展智能交通系统的一项重点工

作内容，通过制定国家战略和法规，引导产业发展。2016年发布了《美国自动驾驶汽车政策指南》，引起行业广泛关注。

❷ 日本：较早开始研究智能交通系统，政府积极发挥跨部门协同作用，推动智能网联汽车项目实施。2020年开始在限定地区解禁无人驾驶的自动驾驶汽车，计划到2025年在国内形成完全自动驾驶汽车市场目标。

❸ 欧盟：支持智能网联汽车的技术创新和成果转化，在世界保持领先优势。通过发布一系列政策以及自动驾驶路线图等，推进智能网联汽车的研发和应用，引导各成员国智能网联汽车产业发展。

智能汽车的核心技术有哪些？

（1）环境感知传感器技术

超声波雷达、毫米波雷达、激光雷达、视觉传感器及其感知算法；感知对象包括道路、车辆、行人、交通标志、交通信号灯等。如何低成本、高效率、准确地识别出这些感知对象，还有很多技术问题需要解决。

（2）决策规划技术

随着汽车驾驶自动化水平的提高，对车辆自主决策能力提出了新的要求，汽车不仅需要在某个具体工况进行决策规划，如超车、巡航和跟车等单一工况，还需要有在线学习能力以适应更加复杂的道路交通环境和不可预期工况（图1-5）。

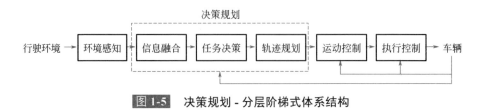

图 1-5 决策规划 - 分层阶梯式体系结构

（3）控制执行技术

自动驾驶汽车决策规划出行驶路径，由底盘执行机构实现汽车状态控制和轨迹跟踪，这一过程中，控制执行技术起着至关重要的作用。目前，传统汽车底盘的控制结构仍为分布式电子架构，不同子系统都有各自的运算控制器，较难实现所有功能的协同控制，必须实现线控底盘（图1-6）。

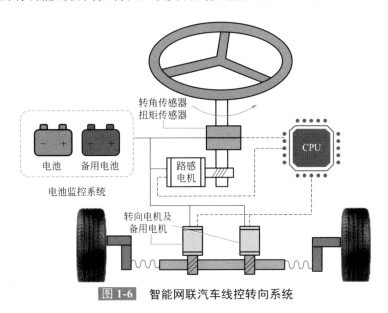

图 1-6　智能网联汽车线控转向系统

（4）交互通信技术

主要包括人机交互、车载通信模块、V2X通信等多种技术。其中人机交互包括驾驶员监控、语音交互、语义理解、手势控制和虚拟现实等，主要依靠深度学习和大数据等技术实现；车载通信模块具有通信网关和防火墙机制，支持报警、服务类功能、远程车辆操控类功能、车辆信息反馈类功能和基于位置的服务类等信息控制功能；V2X通信技术强调车辆在行驶环境中与其他交通参与者实时互联通信，获得其交通参数，对传输速度、延时性和丢包率等均有较高的要求（图1-7）。

（5）计算芯片技术

芯片是智能网联汽车的核心运算单元，主要包括中央处理器、图形处理器、现场可编程门阵列及专用定制芯片等（图1-8）。

（6）云计算平台技术

云计算平台通过以太网络与车辆、路侧设备进行远程通信，实现远程监控、车辆追踪、调度管理和路径规划等功能，同时还能够利用云计算和大数据处理，为自动驾驶控制策略、智能交通控制管理的研究提供数据依据。

图 1-7　交互通信技术

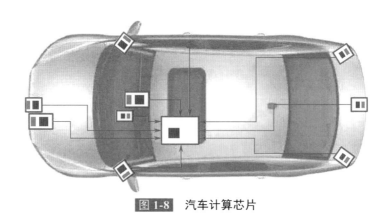

图 1-8　汽车计算芯片

（7）网络信息安全技术

智能网联汽车需满足车联网通信的保密性、完整性、可鉴别性等要求。通过引入密码安全芯片、设计"端-管-云"安全主动防御机制、密码安全协议和设置可信计算区域等手段，对云计算平台和车载终端进行软件代码和物理硬件安全升级（图 1-9）。

（8）虚拟仿真测试技术

运用计算机建模构建出虚拟的街道、城乡和高速公路等作为测试环境，并在虚拟环境中加入测试用例，这种虚拟测试方法可以大大提高自动驾驶技术的研发测试效率、缩短研发测试周期，并能实现场地测试无法提供的海量测试场景用例。

图 1-9　网络信息安全

 智能汽车的阶级层次有哪些？

智能汽车的阶级层次见表 1-1。

表 1-1　智能汽车的阶级层次

等级	功能
L0	在智能驾驶辅助方面，L0 级自动驾驶就是除了简单的车道保持辅助功能外，没有其他辅助功能。不过这个等级也应该可以提供部分预警功能，根据相关机构的定义，这个级别的自动驾驶需要提供警告以及瞬时辅助。例如需要搭载胎压显示，并且还要有主动刹车系统等安全配置。因为这个等级需要起到瞬间提醒辅助作用，不过依然是由驾驶者来控制所有的驾驶操作
L1	比如方向盘要能自动转向，并且还要包含 0 ～ 150km/h 的自适应巡航、交通拥堵辅助、交通限速识别、车道保持、车道偏离预警等功能。这些功能组合在一起，就可以拥有部分驾驶辅助功能，但是需要的软件和数据会比较多，这是一个需要解决的大问题
L2	一定情况下，可以解放双手，但是 L2 级自动驾驶辅助不允许双手长时间离开方向盘，虽然可以在特定情境下稍微松开双手，但驾驶者依然要做好随时接管驾驶的准备。这个级别的自动驾驶，包括 ACC 自适应巡航、前碰撞预警、紧急制动、车道保持辅助系统、自动泊车等

等级	功能
L3	车辆在特定的环境中实现部分自动驾驶的操作，根据路况环境自动判断可以自动驾驶还是返还给驾驶者手动操作。在遇到一些特殊情况的时候也会做出正确判断，会提前询问驾驶者，得到肯定回答后再进行自动操作，有点类似学徒在开车，驾驶者就是教练。目前有少数车辆达到了这个级别，但都还是在持续完善的阶段
L4	达到自动驾驶，完全不需要监测或回应，车辆完全可以根据自己的判断瞬时做出正确的操作。人坐在车上完全可以做自己想做的事，玩手机不会被扣分了，甚至睡觉都可以，相当于坐上了专人司机开的车辆，只需要上车和下车就足够了。但是这个级别要限定行驶区域，不能适合所有的驾驶场景
L5	车辆在任何场景，遇到任何情况都不需要人为地进行操作，只管坐在上面（躺着也行）

6 什么是无人驾驶汽车？

无人驾驶汽车（图 1-10）也称智能车、无人自动驾驶车、自主导航车或轮式移动机器人，是室外移动机器人在交通领域中的重要应用。无人驾驶汽车是一个集环境感知、规划决策和多等级辅助驾驶等功能于一体的综合系统，是充分考虑车路合一、协调规划的车辆系统，也是智能交通系统的重要组成部分。

图 1-10 无人驾驶汽车

无人驾驶汽车利用传感器技术、信号处理技术、通信技术和计算机技术等，通过集成视觉、激光雷达、超声传感器、微波雷达、GPS、里程计、磁罗盘等多种车载传感器来辨识汽车所处的环境和状态，并根据所获得的道路信息、交通信号信息、车辆位置和障碍物信息做出分析与判断，向主控计算机发出期望控制，控制车辆转向和速度，从而实现无人驾驶车辆依据自身意图和环境的拟人驾驶。

智能技术系统有哪些关键技术？

智能技术系统一般由传感器、控制器、执行器三大关键技术组成，主要内容如下。

❶ 先进传感技术，包括利用机器视觉技术的检测，如激光测距系统、红外摄像技术以及利用雷达（激光、厘米波、毫米波、超声波）检测前行车辆。

❷ 通信技术（GPS、DSRC、3G/4G），包括数台智能汽车之间协调行驶必需的技术、车路协调通信技术以及相应的车联网通信技术。

❸ 横向控制，包括利用引导电缆、磁气标志列、机器视觉技术、具有雷达反射性标识带的横向控制。

❹ 纵向控制，包括利用激光雷达、毫米波雷达、机器视觉技术测车间距离的纵向控制，以及利用车间通信和车间距离雷达的车队列行驶纵向控制。

为什么要开发智能汽车？

（1）推进汽车产业的转型升级和提升竞争力

智能汽车（图1-11）不仅仅局限在汽车领域，它还需要互联网、人工智能、大数据、信息通信以及包括半导体芯片在内的多领域协同创新、通力合作才能完成其制造，从策划、制造到批量生产都堪称跨学科、跨领域、跨行业交叉融合的典范。当前，智能汽车的发展成为世界汽车大国战略竞争的一个制高点，"软件定义汽车"也成为行业发展的共识，谁能率先抢夺战略高地，谁就能把控汽车行业的财富密码，进而构筑未来竞争的新优势。

图 1-11　智能汽车（一）

（2）提升产业自主创新能力

相比于已经在人工智能和汽车行业占据龙头地位的发达国家而言，我国进入智能汽车领域的时间相对较晚，发展速度虽然在不断提升，但是目前依然存在关键产品竞争力弱、核心技术受制于人等情况。因此，智能汽车产业作为高端产业重点领域，我国若能在该领域有所突破，必将从国际"跟跑"向"并跑""领跑"迈进。对于上述目标，智能汽车产业自主创新发展将是其中的重要一环。

（3）推动智慧城市的建设

智能汽车（图 1-12）隶属于智慧交通系统中的重要部分，是实现智慧交通的重要载体，是智慧交通技术的重要应用领域，而智慧交通又是智慧城市建设的重要组成部分。智能汽车产业的创新发展能够提升道路通行效率，减少城市交通拥堵，降低交通事故发生的概率，保护人民的人身安全和财产安全；智能汽车的推广也能降低大气污染和碳排放，减缓全球变暖趋势，造福生态环境，实现人、车、城的完美融合，充分发挥汽车造福社会的使命，极大地提升人民的生活幸福指数。

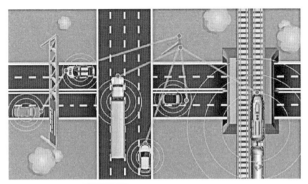

图 1-12 智能汽车（二）

第二章
智能汽车驾驶辅助系统

一、前向碰撞预警系统

 什么是前向碰撞预警系统？

　　前向碰撞预警系统（FCW）是指通过雷达系统来时刻监测前方车辆，判断本车与前车之间的距离、方位及相对速度，当存在潜在碰撞危险时对驾驶者进行警告。FCW本身不会采取任何制动措施去避免碰撞或控制车辆（图2-1）。

图 2-1　前向碰撞预警系统

 前向碰撞预警系统是怎样工作的？

前向碰撞预警系统由信息采集、电子控制和人机交互三个单元组成，其工作原理如下。

KAFAS 立体摄像机探测车辆前方情况，并通过图像处理识别出探测区域内移动和静止车辆的完整尾部。

除 KAFAS 立体摄像机图像数据外还会对雷达传感器信息进行分析。

根据计算出的其他车辆的位置、距离和相对速度，在危险情况下触发相应警告等级"预警"或"严重警告"。

进行预警时会使车辆制动器做好最大制动的准备，并降低制动辅助系统的触发限值。驾驶员有意靠近前方车辆时可通过降低系统灵敏度来避免触发造成干扰的警报（图 2-2）。

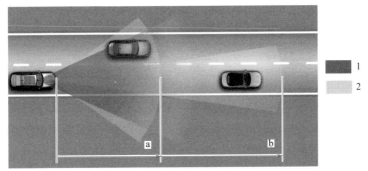

图 2-2　前向碰撞预警系统的工作原理

a—近距离；b—远距离；1—KAFAS 立体摄像机探测范围；2—雷达传感器探测范围

（1）带城市制动功能的碰撞警告

带城市制动功能的碰撞警告为基于摄像机的碰撞警告增加了一种制动功能，该功能在约 5km/h 至最高约 80km/h 车速范围内执行。在此车速范围内，如果发出严重警告后驾驶员尚未做出任何反应，就会以最高 4m/s² 的减速度进行车辆减速（图 2-3）。制动干预时限约为 1.5s。通过这种方式避免对后方交通造成附加危险。

图 2-3　通过 KAFAS 摄像机进行车辆识别

1—同一车道上的车辆；2—其他车道上的车辆

（2）带城市制动功能的行人警告

带城市制动功能的行人警告设计，用于避免在城市区域内与行人发生碰撞并减轻事故后果。在约 10km/h 至最高约 60km/h 车速范围内，系统发出可能与行人碰撞的警告并在即将发生碰撞前通过制动干预提供支持。

KAFAS 立体摄像机探测车辆前方情况并通过图像处理识别出探测区域内的行人（图 2-4）。

根据计算出的所识别行人的位置、距离和移动情况，在紧急情况下触发严重警告。配备带城市制动功能的行人警告时不提供预警功能。

发出严重警告时以大约 4m/s² 的减速度使车辆减速。制动干预时限约为 1.5s。通过这种方式避免对后方交通造成附加危险。

图 2-4 通过 KAFAS 摄像机进行行人识别

（3）警告和制动功能

碰撞警告的工作原理基于识别和警告算法。通过图像处理，识别出摄像机探测范围内的行人和车辆。将要发生碰撞时，会在组合仪表以及选装配置平视显示屏内显示一个警告符号。警告功能分为两级。根据所识别目标的当前移动预测其进一步移动，并结合目标移动确定碰撞危险。如果警告算法将某种情况划分为危险等级，就会根据多级警告方案进行警告和制动。针对行人和车辆的警告及制动干预有所不同。

❶ 显示说明。

a. 预警。车辆符号以红色亮起 [图 2-5（a）]。增大车距，必要时制动。

| (a) 预警 | (b) 车辆严重警告 | (c) 行人严重警告 |

图 2-5 显示图示

b. 车辆严重警告。车辆符号以红色闪烁并发出声音信号 [图 2-5（b）]。要求通过制动器进行干预，必要时避让绕行。

c. 行人严重警告。行人符号以红色闪烁并发出声音信号 [图 2-5（c）]。要求通过制动器进行干预，必要时避让绕行。

❷ 预警说明。例如由于与前方车辆速度差较大以及与前方行驶或静止车辆距离很近而存在碰撞危险时，就会发出预警。发出预警时，在组合仪表和平视显示屏内亮起红色车辆符号。预警只针对车辆、不针对行人而发出。可在中央信息显示屏"智能型安全系统"菜单内设定预警时刻。

注意：碰撞警告取决于自身车速。针对碰撞警告设计的车距明显小于法规要求的最小车距，因此遵守法规要求的最小车距仍是驾驶员的责任所在。

❸ 严重警告说明。车辆以相对较大的速度差接近前方车辆或行人，即将遇到碰撞危险时，系统会尽可能晚地且仅在即将发生碰撞危险时才发出严重警告。严重警告触发时刻的设计方案为，只有通过马上进行最大制动或通过避让绕行才能避免发生碰撞，因此无法通过驾驶员有意触发或控制严重警告功能。严重警告针对车辆和行人而发出。

例如车辆非常缓慢地接近前方车辆或行人时，即使在车距非常近的情况下也不会发出严重警告。这种有意造成的行驶情况只会触发预警。系统会避免触发意义不大但会造成干扰的严重警告。

严重警告无法单独停用。严重警告触发时刻也无法设置。如果不想触发严重警告，必须停用"碰撞警告"前端保护功能。发出严重警告时，在组合仪表和平视显示屏内闪烁红色车辆符号和行人符号，此外还发出一个声音警告信号。在约 10km/h 至约 60km/h 的车速范围内发出针对行人的严重警告。在约 5km/h 至最高约 80km/h 的车速范围内发出针对车辆的严重警告。

发出严重警告时也会使制动系统预先做好准备，以便更迅速、更有效地进行减速。通过这些措施可在发出警告的同时为驾驶员提供有针对性的支持，从而能够有效做出反应。

❹ 制动干预说明。如果驾驶员无法再通过自身反应避免事故，作为最后一步就会自动进行制动干预。通过约 $4m/s^2$ 减速度的制动力进行制动干预，在不超过约 18km/h 的速度差条件下可避免发生事故。如果速度差较大，就会以少量形式降低碰撞速度。与驾驶员能够支持系统作用一样，驾驶员也可随时通过转向移动（避让绕行）、加速或紧急制动干预对自动紧急制动进行控制，从而终止该功能。在 10～60km/h 的车速范围内进行针对行人的制动干预，在 5～80km/h 的车速范围内进行针对车辆的制动干预。执行制动干预需要接通动态稳定控制系统 DSC。

带城市制动功能的碰撞警告时间历程如图 2-6 所示。车辆识别出驾驶员进行避让绕行时，不会进行制动干预。

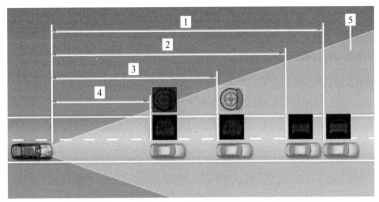

图 2-6 带城市制动功能的碰撞警告时间历程

1—碰撞警告（时间提前）；2—碰撞警告（时间较晚）；3—严重警告（声音警告信号，制动系统预先做好准备且制动辅助系统进行相应调节）；4—进行 4m/s² 减速度的制动（城市制动功能仅适用于 5 ～ 60km/h 车速范围）；5—KAFAS 立体摄像机识别范围

前向碰撞预警系统有哪些限制条件？

（1）无法识别出的车辆

可能会导致无法发出警告或延迟发出警告，前向碰撞预警系统无法识别的车辆主要包括以下几种。

❶ 高速撞向缓慢行驶的车辆。

❷ 突然驶入的车辆或紧急制动的车辆。

❸ 尾部特殊的车辆或尾灯装置无法完全看到的车辆。

❹ 部分遮挡的车辆。

❺ 前方两轮车。

（2）功能限制

出现以下情况时，KAFAS 立体摄像机的功能以及相应驾驶员辅助系统的功能可能会受到限制。

① 大雾、大雨、雨水四溅或大雪。

② 光照不充足。

③ 对面照射光线强烈。

④ KAFAS 立体摄像机的探测区域或风挡玻璃有污物。

⑤ 急转弯。

⑥ 行人身高最高约 80cm。

⑦ 通过 START-STOP 按钮启动发动机后 10s。

⑧ 在交付车辆或更换摄像机后马上进行的 KAFAS 立体摄像机校准过程中。

注意：由于功能限制和系统限制，可能会出现不发出警告以及过迟或无故发出警告的情况。因此必须确保可以随时主动进行干预，以免发生危险。

二、自动紧急制动系统

什么是自动紧急制动系统？

自动紧急制动（AEB）系统通过雷达检测与前方车辆的距离，并通过电子控制单元进行分析，根据不同的距离和速度发出警报。如果报警显示后驾驶员没有反应，AEB 系统会在小于安全距离范围时启动，自动介入车辆的制动系统，从而降低与前方车辆 / 人发生碰撞的概率（图 2-7）。

图 2-7 自动紧急制动

2 自动紧急制动系统是怎样工作的？

自动紧急制动系统主要由行车环境信息采集单元、电子控制单元和执行单元等组成，其工作原理如下。

自动紧急制动系统是安全系统，在每个点火周期内，功能默认开启。系统在判断有危险发生时将会采取以下方式辅助驾驶员。

（1）安全距离报警

安全距离报警功能工作在非紧急状态，当车速达到 65km/h 及以上时，用于提示驾驶员跟随前车的距离过小，驾驶员应调整驾驶行为、保持合理车距。

（2）预测性碰撞报警

当车速达到 30km/h 及以上时，系统认为有潜在碰撞风险，将通过报警声音、仪表界面报警图片等方式提示驾驶员有潜在碰撞风险。

（3）紧急制动辅助

当车速达到 30km/h 及以上时，如危险情况发生，但是驾驶员当前制动力太小，系统会辅助驾驶员增大制动力来避免或减轻碰撞。

（4）自动紧急制动

当危险情况发生，而驾驶员没有做出有效反应时，系统会适时介入，进行自动紧急制动，来避免或减轻碰撞。

❶ 功能激活。AEB 系统触发时，会在组合仪表上有如图 2-8 所示的文字提示，并伴随报警声音。

❷ AEB 系统仪表指示灯说明。当自动紧急制动系统关闭时仪表指示灯点亮（图 2-9）。

当该功能出现故障时仪表指示灯点亮（图 2-10）。

行人自动紧急制动系统能够避免或减轻与行人发生碰撞。主要应用场景：行人横穿马路。行人预报警功能在探测到有碰撞风险时会通过声音及图片提醒驾驶员及时做出反应，降低碰撞风险。该功能工作车速为 4 ～ 70km/h。

图 2-8　功能激活

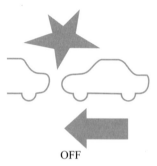

OFF

图 2-9　当自动紧急制动系统关闭时仪表指示灯点亮

图 2-10　当出现故障时仪表指示灯点亮

 3 # 自动紧急制动系统有哪些限制条件?

❶ 自动紧急制动系统会用到附加的车身周边传感器信息，所有的传感器

都需要进行物体探测，从而达到最佳性能，当系统性能下降时，驾驶员将无法得知。

❷ 出于安全原因考虑，在驾驶员未关闭车门或未系安全带的情况下，系统不能工作。

❸ 通常AEB系统在后台工作，不会被驾驶员察觉，当系统识别到有危险时，会警示或采取制动来保护乘员。由于系统性能限制，可能存在误触发，驾驶员必须始终密切注意周围环境。

❹ 注意，中距离雷达不可能在所有情况下都探测到前方的危险障碍物。恶劣的天气条件，如雨、雪、雾等，会导致系统性能下降，在此种情况下部分目标将无法被系统探测，或探测过晚。

❺ 系统不会对动物、小型车辆（如三轮车）、外表不规则车辆、行人（如配备前方摄像头）、迎面而来及横穿的车辆进行反应。

❻ 某些场景会对中距离雷达的探测造成影响，如有防护栏的道路、隧道内、前方车辆驶入/驶出、急转弯道路。

❼ 出于安全原因考虑，AEB系统的实现需要ESC系统（电子稳定控制系统）的支持。当驾驶员选择关闭ESC系统功能后，AEB系统将不能工作。

❽ 中距离雷达需要特殊性能以探测相关目标，当受到环境的影响时探测将受到干扰/性能下降，例如在电场作用下或目标自身原因。

❾ 当车辆受到撞击或强烈震动时中距离雷达的位置可能会产生偏移，从而导致系统性能下降或增加误触发率，严重时系统会有故障提示，此时驾驶员应当尽快联系汽车服务站进行检修。

❿ 应保持中距离雷达及前方摄像头外表面清洁，否则将会影响系统性能，严重时会导致AEB系统无法工作。

⓫ 任何自动系统都无法保证在任何情况下均可100%正常运行。因此，不要以测试FCW/AEB性能好坏为目的，将车辆开向人或物体，否则可能引发事故，导致人员伤亡。

⓬ 在复杂的行驶状况下，系统可能会进行不必要的制动。例如在建筑工地、铁轨处、道路窨井盖处、地下车库、车辆前方存在喷洒或溅起的水花时。

⓭ 系统提供的仅是一种辅助功能，无法在所有情况下探测到所有行人（如配备前方摄像头）或车辆。驾驶员始终对正确驾驶负责，并需要保持安全距离。

三、车道偏离预警系统

 什么是车道偏离预警系统?

车道偏离预警系统（LDWS）是一种通过报警的方式辅助驾驶员减少汽车因车道偏离而发生交通事故的系统（图 2-11）。

图 2-11 车道偏离预警系统功能激活

 车道偏离预警系统是怎样工作的?

车道偏离预警系统由图像处理芯片、控制器、传感器等组成，其工作原理如下。

车道偏离预警系统在 70km/h 以上车速记录车道标线，并在驾驶员驾驶车辆无意间离开车道时发出警告。系统由 KAFAS 立体摄像机提供有关可用车道和道路标线的所需信息，根据计算出的相对于自身车辆的位置、偏差和曲率发出相应警告。如果驾驶员驾驶车辆无意间超出道路标线（未操作转向信号灯）或离开车道分界线，驾驶员就会通过方向盘的轻微振动接收到触觉警告并可做出相应反应。方向盘的振动作用与越过异形标记线时的振动作用类似。

组合仪表显示说明如下。

❶ 系统已启用，不满足警告前提条件（图 2-12）。

图 2-12 系统已启用

❷ 已识别出至少一条车道分界线，可发出警告（图 2-13）。

图 2-13 已识别出至少一条车道分界线

车道偏离预警系统如何对车辆进行主动干预？

　　如果驾驶员未对车道偏离预警系统发出的警告做出反应并越过道路标线，就会通过短时主动转向干预辅助其保持车道（图 2-14）。

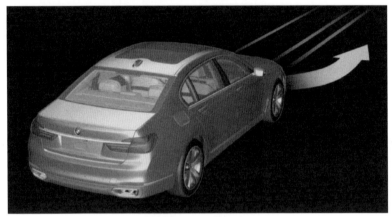

图 2-14　主动转向干预

　　主动转向干预可通过方向盘感知，但驾驶员可随时对其进行控制。在驾驶员"控制"系统情况下会终止主动转向干预（图 2-15）。

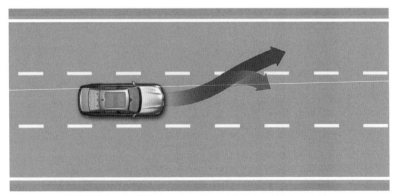

图 2-15　车道偏离预警系统（终止主动转向干预）

车道偏离预警系统有哪些限制条件？

（1）关闭标准

车道偏离预警系统在 70 ～ 210km/h 车速范围内执行功能。

❶ 出现以下情况时不发出警告：

a. 驾驶员操作了转向信号灯；

b. 在施工区域内；

c. 车道宽度小于 2.60m。

❷ 出现以下情况时终止发出警告：

a. 约 3s 后自动执行；

b. 驾驶员重新返回自身车道；

c. 操作了转向信号灯；

d. 进行紧急制动和转向操作时以及通过动态稳定控制系统 DSC 进行干预时。

（2）系统限制

出现以下情况时无法执行或只能有限提供系统功能：

❶ 大雾、大雨或大雪；

❷ 急转弯或车道狭窄；

❸ 分界线被冰雪、污物或积水覆盖；

❹ 分界线被物体遮挡；

❺ 分界线缺失、磨损、看不清、聚集或分离或者不明确，例如在施工区域内。

四、车道保持辅助系统

 什么是车道保持辅助系统？

车道保持辅助系统（LKAS）属于智能驾驶辅助系统中的一种，它可以在车道偏离预警系统（LDWS）的基础上对转向系统进行控制，辅助车辆保持在本车道内行驶（图2-16）。

图 2-16　车道保持辅助

 车道保持辅助系统是怎样工作的？

　　车道保持辅助系统（图2-17）使用一个摄像头来识别车道的边界线，当识别出车辆所在的车道边界线时系统就开始工作，而摄像头根据边界线识别到车辆偏离方向的时候，仪表盘会通过对应显示由白色变成红色，方向盘也会发出振动来提醒驾驶人员。

　　如果是驾驶员主动正常变道的话，在变道之前打开了转向灯，那么车道保持辅助系统就不会介入，其系统的判断依据来源于是否打开了转向灯。若驾驶员坚持不打开转向灯变道，还是依然能"强行"控制方向盘变道的，毕竟只是辅助系统。不过对不打开转向灯变道的不良习惯还是建议及早改正，以免对自身以及他人造成安全威胁。

　　在夜晚道路灯光照明条件不好的情况下车道保持辅助系统所识别的准确率不可靠，下雨天系统在识别上也会受影响，而且行驶在弯道的时候该系统发挥的作用不大。当车辆行驶车速超过60km/h的时候，系统才会启动工作。

这个功能只属于辅助系统，外出行驶时还是需要靠驾驶员集中注意力，小心驾驶。

图 2-17　车道保持辅助系统

五、盲点监测系统

 什么是盲点监测系统？

盲点监测，就是利用高科技技术探测相邻车道后方有没有车辆在靠近，以及后视镜盲区里有没有车辆。当有车辆靠近或者盲区里有车辆的时候，监测系统就会通过声音、灯光等方式提醒驾驶员。

如图 2-18 所示，盲点监测系统（BSM）能够降低开车时变道发生碰撞事故的可能性。之所以变道容易发生碰撞事故，是因为后视镜有盲区的存在。其他车辆位于盲区时，此时贸然变道的话很可能会发生交通事故。变道时、雨雾天开车后视镜模糊时、夜间开车被后面车辆的远光灯晃眼时，都会用到该系统。变道时主要是避免因盲区有车而发生碰撞，雨雾天和夜间开车被晃眼时主要是因为后视镜效果不佳，更需要盲点监测系统提供辅助作用，防止危险的发生。

图 2-18　盲点监测系统

盲点监测系统是怎样工作的？

在汽车后保险杠内安装两个 24GHz 雷达传感器，在车辆行驶速度大于 10km/h 时盲点监测系统（图 2-19）自动启动，实时向左右 3m、后方 8m 范围发出探测微波信号，系统对反射回的微波信号进行分析处理，即可知后面车辆的距离、速度和运动方向等信息，通过系统算法，排除固定物体和远离的物体。当探测到盲区内有车辆靠近时，指示灯闪烁，此时驾驶员看不到盲区内的车辆，但是能通过指示灯知道后方有车辆驶来，变道有碰撞的危险，如果此时驾驶员仍然没有注意到指示灯闪烁，打了转向灯，准备变道，那么系统就会发出"哔哔哔"的语音警报声，再次提醒驾驶员此时变道有危险，不宜变道。通过整个行车过程中不间断地探测和提醒，防止行车过程中因恶劣天气、驾驶员疏忽、后视镜盲区、新手上路等潜在危险而造成交通安全事故（图 2-19）。

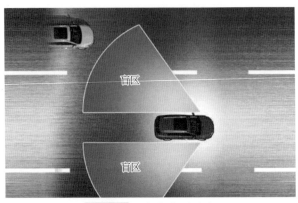

图 2-19　盲点监测系统

六、自适应巡航系统

 ## 什么是自适应巡航系统？

    如图 2-20 所示，自适应巡航系统（ACC）是指在按设定车速进行巡航控制的系统上，增加了与前方车辆保持合理间距控制功能的新系统。

图 2-20　自适应巡航系统

 ## 自适应巡航系统是怎样工作的？

    自适应巡航系统主要由自适应巡航传感器、自适应巡航控制器、发动机管理控制器、电子节气门执行器、制动执行器（例如 ABS/ESP 等）组成，其工作原理如下。

    在车辆行驶过程中，安装在车辆前部的车距传感器（雷达）持续扫描车辆前方的道路，同时轮速传感器采集车速信号。

    在自适应巡航系统中，系统利用低功率雷达或红外线光束得到前车的确切位置，如果发现前车减速或监测到新目标，系统就会发送执行信号给发动机或制动系统来降低车速,从而使车辆和前车保持一个安全的行驶距离。当同一条车道前方没有车辆时,像通常的巡航控制一样按照设定的车速行驶;当前方出现车辆时,以低于设定车速行驶,控制本车与前方车辆的合理间距。

自适应巡航如图 2-21 所示,自适应巡航系统有以下四种典型的功能。

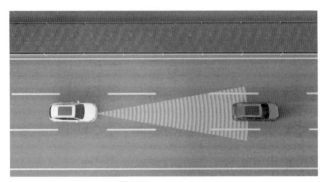

图 2-21　自适应巡航

❶ 当前方无车辆时,ACC 车辆将处于普通的巡航驾驶状态,按照驾驶员设定的车速行驶,驾驶员只需要进行方向的控制(匀速控制)。

❷ 当 ACC 车辆前方出现目标车辆时,如果目标车辆的速度小于 ACC 车辆的速度时,ACC 车辆将自动开始进行减速控制,确保两车的距离为所设定的安全距离。

❸ 当两车之间的距离等于安全车距后,采取跟随控制,即与目标车辆以相同的车速行驶。

❹ 当前方的目标车辆发生移线,或主车移线行驶使得主车前方又无行驶车辆时,ACC 系统将对主车进行加速控制,使主车恢复至设定的行驶速度。

七、自动泊车辅助系统

 ## 什么是自动泊车辅助系统?

如图 2-22 所示,自动泊车辅助系统(APS)仅是一种辅助工具,不能代

替驾驶员对外界情况的判断。在任何情况下，驾驶员都应该对车辆的安全性负责，并在进行泊车或类似操作时，随时观察车辆周边的情况。泊车辅助系统存在盲点，可能探测不到某些区域的障碍物。因此，在进行泊车或类似操作时，请务必确保车辆附近没有儿童或动物。

图 2-22 自动泊车辅助系统

 ## 自动泊车辅助系统是怎样工作的？

自动泊车辅助系统主要由信息检测单元、电子控制单元和执行单元等组成。驾驶员仅需操作换挡杆、刹车及油门踏板。自动泊车辅助系统具有平行泊车、垂直泊车和水平泊车三个功能。

自动泊车如图 2-23 所示，智能泊车辅助系统的工作原理如下。

❶ 自动泊车辅助系统测量道路两侧的车位长度，并提示距离是否合适。该系统可计算轨道并自动规划行车轨迹进入选定的车位。

❷ 自动泊车辅助系统可以使汽车自动地准确停靠入泊车位，该系统包括环境数据采集系统、中央处理器和车辆策略控制系统。环境数据采集系统包括图像采集系统和车载距离探测系统，可采集图像数据及周围物体距车身的距

离数据，并通过数据线传输给中央处理器。中央处理器可将采集到的数据进行分析处理后，得出汽车的当前位置、目标位置以及周围的环境参数，依据上述参数做出自动泊车策略，并将其转换成电信号。车辆策略控制系统接收到电信号后，依据指令做出汽车的行驶（如角度、方向及动力支援方面的）操控。

图 2-23　自动泊车

自动泊车辅助主要有以下两种类型。

❶ 泊车位信息辅助类。在需要的时候，帮助车主找到停车位，甚至提供多处可选的停车位，并将汽车导引到合适的停车位。

❷ 停车辅助类。包括倒车雷达、半自动泊车辅助、遥控 / 全自动泊车以及代客泊车，这些都是建立在低速行驶和停车位具备的条件基础上的。

 自动泊车辅助系统有哪些限制条件？

（1）自动泊车辅助系统使用注意事项

❶ 倒车时，应确认后备厢盖已完全关闭。

❷ 禁止敲击摄像头、传感器。

❸ 不可用高压水枪正对摄像头、传感器进行冲洗，否则可能会造成系统故障或引起火灾等。

❹ 禁止使用具有磨损性或尖锐的物体清洁摄像头、传感器，应用软布擦拭或用水（低水压）清洗，将摄像头和传感器表面洗干净。

（2）智能泊车辅助系统的雷达探测装置受超声波特性影响

在下列情况下，可能会造成无法探测或探测不良，并非系统故障。

❶ 障碍物为铁丝网、篱笆、柱子、绳索等细小的物体时。

❷ 障碍物为表面不反射探测信号的物体和穿此类衣服的人员时。

❸ 障碍物为雪、棉质或表面易吸收声波的物质时。

❹ 障碍物为锐角反射体或锥状物体时。

❺ 在草地或崎岖不平的路面行车时。

❻ 在坡路上倒车时。

❼ 周围有同频率的超声波杂音，如金属声、高压气体排放声、车辆喇叭正对传感器鸣叫时。

❽ 当牌照弯曲、翘起或安装了较大的牌照装饰架时。

❾ 传感器表面附着了异物时。为保证系统正常工作，必须使传感器保持清洁，无积雪和冰等覆盖物。

八、智能座舱系统

 什么是智能座舱系统？

智能座舱系统是指搭载了智能化、网联化的车载设备和服务的系统，诸如车载信息娱乐系统、仪表盘、抬头显示（HUD）、流媒体后视镜、语音交互系统等汽车电子系统。

汽车座舱即车内驾驶和乘坐空间。智能座舱是指配备了智能化和网联化的车载产品，从而可以与人、路、车本身进行智能交互的座舱，是人车关系从工具向伙伴演进的重要纽带和关键节点。智能座舱通过对数据的采集，上传到云端进行处理和计算，从而对资源进行非常有效的适配，增加座舱内的安全性、娱乐性和实用性。

智能座舱未来的形态是"智能移动空间"。在 5G 和车联网高度普及的前提下，汽车座舱将摆脱"驾驶"这种单一场景，逐渐进化成集"家居、娱乐、工作、社交"为一体的智能空间（图 2-24）。

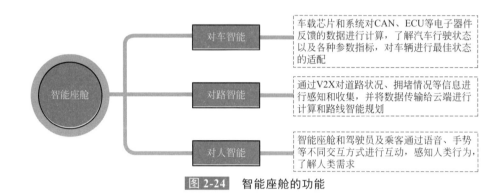

图 2-24 智能座舱的功能

 智能座舱系统是怎样工作的？

（1）智能座舱系统的组成

❶ 硬件。

a.驾驶系统，包括仪表盘、流媒体后视镜、HUD 等。

b.信息娱乐系统，包括中控屏幕、后座娱乐系统等。

c.其他系统，包括空调、座椅、音响等。

❷ 软件。从用户端开始，为应用层、中间件、虚拟层、操作系统。虚拟系统的出现能够实现软硬件分离，可以大幅提高系统开发效率。

（2）智能座舱系统的人机交互方式

主要包括语音、人脸、触摸、手势等。

3 智能座舱系统的发展趋势是怎样的？

（1）智能化

随着硬件技术的发展和成本的降低，汽车会越来越智能化。智能化对交互方式的影响是机器会增加担任主动输入的能力，所以随着汽车越来越智能化，车主在输入方面投入减少，效率更高。

（2）自动化

随着自动驾驶技术越来越成熟和普及，车主会逐渐释放更多注意力，可以将手、眼资源更多地投入到车舱的娱乐操作当中。

（3）电子化

去掉实体控件，增加科技感，简化内饰，降低成本，变成一种趋势。

（4）座舱各组成部分呈现由分布到集中、由独立到融合的趋势

在芯片和操作系统的融合下，未来智能座舱内的人机交互界面或只存在一块屏幕，仪表盘、中控屏、副驾屏幕将全部整合在一起，由一个域控制器和统一的操作系统驱动。

（5）算法软件数据将成为价值链重心

传统汽车供应链是链条式的上下游模式，而智能座舱产业呈现出明显的集成、跨界合作趋势；未来掌握核心软件能力、数据的互联网公司，以及转型及时的主机厂将占据行业主导地位。

（6）"智能移动空间"将成为终极形态

智能座舱的终极形态将会是智能移动空间。由于自动驾驶与智能座舱的共同发展，在L5级别自动驾驶背景下，未来的座舱将摆脱单一的驾驶场景，进而成为集娱乐、社交、出行、办公等为一体的综合空间。

未来的智能座舱是多种技术融合、多个参与主体协同下的产物。云计算平台提供大数据存储和计算，5G提供高速低延时数据传输。同时，自动驾驶的实现意味着车载芯片的算力将远大于其他终端的芯片，因此座舱就成为办公效

率高、娱乐效果好的终端。

九、车道变更警告系统

 什么是车道变更警告系统？

车道变更警告系统也称盲点信息系统。在驾驶汽车的过程中，许多事故都是由于并线超车时发生的，如果在并线时驾驶员没看到盲区中来车，很可能会碰撞出事。在并线超车时，如果驾驶员的盲区中有其他车辆，变道警告系统会提醒驾驶员注意（图2-25）。

图 2-25　车道变更警告

如果一辆车处于视角盲区位置或以很快的速度从后面接近本车，那么车外后视镜上的警告信号就会一直亮着来提醒驾驶员。

 车道变更警告系统是怎样工作的？

车道变更警告系统可识别出自身车辆变更车道可能会发生危险的交通情况。例如远处车辆快速从后方驶近本车或车辆位于死角区域时，就会出现这种交通情况。

　　驾驶员自己可能无法或很难对这种情况做出评估，特别是在光线阴暗的条件下。雷达传感器可识别出死角区域内的车辆并在任何光线条件下进行工作。为此，这些传感器能够主要根据天气情况在最远70m距离内进行有效探测。

　　有车辆快速驶近或驶入自身车辆侧后方死角区域内时，如果占用自身车辆旁边的车道，雷达传感器会识别出相邻车道上的车辆（图2-26）。

图 2-26　通过雷达传感器进行车辆识别

　　识别出车辆且启用系统时，通过车外后视镜内的相应显示告知驾驶员。通过在进行车道变更操作前发出信号可使驾驶员充分做好车道变更准备，从而及时避免危险情况。

　　在车外后视镜玻璃上进行车道变更警告系统显示（图2-27）。

点亮

图 2-27　车外后视镜玻璃显示

　　如果在系统识别出危险的情况下驾驶员想要变更车道且通过操作转向信号灯做出指示，就会触发第二个较严重的"警告"等级。车外后视镜内的显示随即以较高强度闪烁且方向盘开始振动。

3 车道变更警告系统如何对车辆进行主动干预？

实现系统短时主动转向干预，从而辅助车辆返回自身车道。同时，车外后视镜内的相应车道变更警告系统显示进行闪烁。在 70 ～ 210km/h 车速范围内进行辅助式转向干预。

主动转向干预（图 2-28）可通过方向盘感知，但驾驶员可随时对其进行控制。在驾驶员"控制"系统情况下会终止主动转向干预。

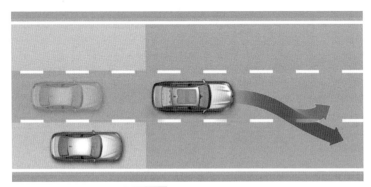

图 2-28 主动转向干预

4 车道变更警告系统有哪些限制条件？

例如出现以下情况时无法执行或只能有限提供系统功能：

❶ 大雾、大雨或大雪；

❷ 急转弯或车道狭窄；

❸ 保险杠上有污物、结冰或带有标签；

❹ 当驶近车辆的车速超过自身车速较高时。

十、侧面碰撞警告系统

1 什么是侧面碰撞警告系统?

    侧面碰撞警告系统(图2-29)是带主动式侧面碰撞保护功能的车道保持辅助系统的组成部分。带主动式侧面碰撞保护功能的车道保持辅助系统包含在高级行驶辅助系统内,无法单独获得侧面碰撞警告系统。侧面碰撞警告系统可辅助驾驶员避免发生侧面碰撞。

图 2-29　侧面碰撞警告系统

2 侧面碰撞警告系统是怎样工作的?

    侧面碰撞警告系统主要由行车环境监测、防碰撞判断和车辆控制三部分组成。

（1）行车环境监测

    行车环境监测由测量车距和前面车辆方位的激光扫描雷达及能判定路

面状况的道路传感器组成。激光扫描雷达安装在车辆前端的中央位置，主要作用是测量车距和前面车辆的方位，并将所测数据传输到防碰撞判断部分。

（2）防碰撞判断

防碰撞判断分为两步：第一步是进行路径估计，即从激光扫描雷达所获"距离和方位"的大量数据组中抽取有用数据；第二步是进行安全危险判断，即判断碰撞的危险程度。

（3）车辆控制

该部分由安全/危险预警信号控制的自动制动操作机构和制动防抱死系统（ABS）组成，并采用高速电磁阀进行纵向加速度闭环控制。自动制动操作机构的优点是当自动操作机构处于工作状态时，如果驾驶员的脚制动力大于自动制动控制的制动力，则驾驶员的脚制动力有效，而一旦自动制动操作机构失灵，脚制动系统并不受影响。

如图 2-30 ～图 2-32 所示，侧面碰撞警告系统的工作原理如下。

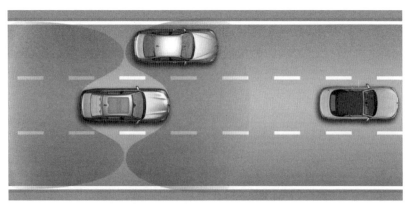

图 2-30 通过雷达传感器进行车辆识别

识别出自身车辆侧面有车辆或护栏等物体从而可能发生侧面碰撞时，就会支持驾驶员避免发生碰撞。四个雷达传感器监控车辆旁边区域，可在任何光线条件下且主要根据天气情况进行工作。

出现碰撞危险时，车外后视镜内的相应显示（根据方向，左侧或右侧）以较高强度闪烁且方向盘开始振动。

较高强度闪烁 ————— A

图 2-31　车外后视镜内的相应显示

之后通过主动转向干预支持驾驶员使自身车辆进入自身车道安全区域内。在 70 ～ 210km/h 车速范围内进行辅助式转向干预。转向干预可通过方向盘感知，但驾驶员可随时对其进行手动控制。

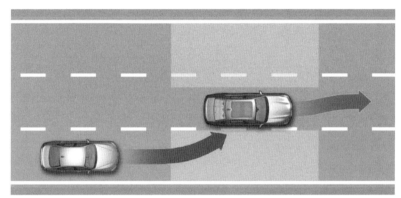

图 2-32　发生侧面碰撞危险时带主动转向干预功能的侧面碰撞警告系统

 侧面碰撞警告系统有哪些限制条件？

作为启用带转向干预功能的侧面碰撞警告系统的前提条件，必须通过 KAFAS 立体摄像机识别出道路标线。如果未识别出道路标线或在 30 ～ 70km/h 车速范围内行驶，只会启用降低侧面碰撞警告功能。在此仍通过车外后视镜内的显示闪烁和方向盘振动来执行该警告功能。执行降低侧面碰撞警告功能时，不主动进行车辆横向导向。在此情况下仅通过一次与危险相反设计的转向脉冲来提醒驾驶员注意。

限制条件：如出现以下情况时则无法执行或只能有限提供系统功能。

❶ 大雾、大雨或大雪。

❷ 急转弯或车道狭窄。

❸ 保险杠上有污物、结冰或带有标签。

❹ 过于靠近前方车辆。

❺ 当驶近车辆的车速超过自身车速较高时。

十一、交通标志识别系统

什么是交通标志识别系统？

交通标示识别系统可提醒驾驶员道路标志信息，如当前限速和禁止超车，如果您的车辆刚刚驶过，将在多信息显示屏和抬头显示屏上显示信息。系统工作方式：当行驶时位于后视镜背面的摄像头拍摄到交通标志，系统将显示被识别为本车指定的标志。标志图标将显示一段时间，直至车辆达到预定时间和距离（图2-33）。

图 2-33 交通标志识别

当前限速和禁止超车信息由交通标志识别功能探测，并通过符号方式以交通标志形式在组合仪表或平视显示屏内显示（图 2-34）。

图 2-34　交通标志识别

1—交通标志识别（示例：显示所识别的限速）

 交通标志识别系统是怎样工作的？

系统通过分析导航系统的数据以及 KAFAS 立体摄像机拍摄的图像数据，获得可以显示的限速和禁止超车信息。

KAFAS 立体摄像机探测路面上的交通标志牌以及桥形路标牌的不同显示内容。带有"路面潮湿"等附加标志的交通标志牌也可加以识别，结合雨量传感器等车辆内部数据进行校准并根据情况进行显示。

此外，系统还会考虑对"6 ～ 22 点"等时间限制规定进行识别，为此使用车载时钟的当前时间。系统会考虑导航系统内存储的信息，还会显示未指示路段的当前限速。

交通标志识别系统有哪些限制条件？

与法规要求不符的、特别是没有圆框的限速交通标志通常无法识别，被标签、污物或植被完全或部分遮挡的交通标志也是如此。与交通标志距离较远、车速较快和受不利的天气影响，特别是夜间行驶时，会使准确识别交通标志的难度增大。为了确保尽可能准确地显示当前限速，导航地图数据应处于最新状态。例如出现以下情况时，交通标志识别功能可能会受到限制且可能会出现错误显示：

❶ 大雾、大雨或大雪；

❷ 标志牌被物体遮挡；

❸ 过于靠近前方车辆；

❹ 对面照射光线强烈；

❺ 车内后视镜前的挡风玻璃起水雾、有污物或被标签等遮挡；

❻ 摄像机错误识别；

❼ 导航系统内存储的限速错误；

❽ 在导航系统未考虑到的区域内；

❾ 例如因交通路线发生变化而与导航系统存在差异；

❿ 超过带有车速标签的公交车或货车；

⓫ 交通标志与规定不符；

⓬ 在交付车辆后马上进行的摄像机校准过程中。

（1）附加标志识别

系统只能识别出带有图形符号的附加标志（图 2-35），例如"路面潮湿""下雨/下雪""货车"或"挂车"等附加标志上的文字信息一般无法读取或加以解释。

在有效性受限的情况下显示限速或禁止超车信息前，系统会从车载网络中查询其他信息。例如在"路面潮湿"有效时分析车窗玻璃刮水器的状态，在"霜冻/下雪"有效时分析车外温度传感器的温度值。

只有在导航地图中存储了有效期限且正确设置了车载时钟时，才能准确分析限速或禁止超车信息的时限，否则限速或禁止超车以当前有效形式显示。

图 2-35　学校路段附加标志

车辆处于挂车模式时不会为了显示限速信息而分析挂车信号，因为不同国家、不同规格的车辆带挂车行驶时需要遵守的限速信息不同，且限速信息与挂车类型有关。

其他附加标志不会被识别出来。限速或禁止超车会以当前有效形式显示，不会对附加标志加以解释。

（2）平行道路、岔路、交汇道路和出口处的交通标志

平行道路无法通过 KAFAS 立体摄像机或导航地图识别出来。针对当前所行驶道路，所立标志牌可作为限速或禁止超车信息识别并显示出来。

通常情况下，针对当前所行驶道路，岔路或交汇道路的限速和禁止超车信息也会被采用并显示出来。

通常情况下，带有或没有箭头附加标志的高速公路出口处的限速信息都经过系统进行准确分析，驶过这种出口时显示屏内不显示相关信息。只有导航地图数据更新后才会出现这种情况。

高速公路分车道设置不同限速标志牌时，会显示距离车辆所在车道最近的限速信息。之后更换车道后不调整显示内容。

（3）交通标志周围的指示牌

如果边界处标有针对乡村道路和高速公路的不同法定最高车速，此处的限速或禁止超车指示牌可能会被错误识别并显示为当前有效信息。对于颜色不同的指示牌（例如标有最低车速或建议车速的指示牌）也是如此。

（4）车辆上的标签

卡车、公交车、挂车或施工机械等前方车辆或所超车辆带有的限速信息标签可能会被错误识别为当前有效限速并显示出来。

（5）地区界限

如果无法清晰识别地区入口标志牌且导航地图数据未更新，可能会错误显示地区入口和地区出口处的限速信息。

（6）法规变更

如果法律规定的最高车速发生了改变，只有更新软件后才能提供相关数据。更新前显示原有的但当前已经失效的限速信息。

（7）一般禁止超车信息

只显示通过标志牌指示出的禁止超车信息。除非通过附加标志牌作出指示，否则不显示铁道路口等处适用的或通过车道上白色实线作出标记的一般禁止超车信息。

十二、前方道路预测辅助系统

什么是前方道路预测辅助系统？

前方道路预测辅助系统可提醒驾驶员降低耗油量所需采取的理想收油时机，从而帮助驾驶员节省燃油。作为计算基础，在此对导航系统数据进行分析。根据这些数据可提前识别出需要降低车速的前方路段（图2-36）。

图 2-36　前方道路预测

相关路段包括岔路、弯道、十字路口、环岛、地区入口、限速路段、高速公路出口。

前方道路预测辅助系统是怎样工作的?

（1）工作原理

为了更好地发挥滑行功能的作用，前方道路预测辅助系统会考虑当前是否可提供滑行功能并相应调整发出提示的时机。如果能够在惯性滑行模式下到达前方路段，前方道路预测辅助系统就会主动终止滑行功能。

在前方道路预测辅助系统的帮助下，即使驾驶员不熟悉路况，也可实现更高效行驶。

（2）显示说明（图2-37）

❶ 组合仪表或平视显示屏内的显示提示驾驶员注意出现与前方道路预测辅助系统有关的路段并使其能够相应做出反应。

图 2-37　显示说明

❷ 驾驶员可单独启用或停用平视显示屏内的显示。

❸ 驾驶员尚未注意到前方路段时也会进行上述提示。到达该路段前会在组合仪表或平视显示屏内一直显示相关提示。如果到达该路段前显著降低了车速，到达该路段前显示就会消失（图2-38）。

图 2-38 组合仪表和平视显示屏内的前方道路预测辅助系统符号

❹ 最多可显示约1500m路段。

❺ 通过一个附加符号在组合仪表内显示所识别的路段。前方出现相应路段时，就会在中央信息显示屏CID驾驶风格分析显示处出现一条提示信息（表2-1）。

表2-1　中央信息显示屏显示

在组合仪表内显示（附加符号）	在 CID 内显示	说明
		路线上的转弯情况
		路线上的环岛
		路线上的连续多弯情况
		路线上的限速值

3 前方道路预测辅助系统有哪些限制条件？

出现以下情况时不提供前方道路预测辅助系统。

① 车速低于 50km/h。

② 临时和变化限速，例如在工地上。

③ 导航数据质量不满足要求。

④ 定速巡航控制系统已启用。

⑤ 挂车模式。

十三、注意力辅助系统

1 什么是注意力辅助系统？

注意力辅助系统有助于避免在长时间乏味的行驶过程中因疲劳导致交通事故。该系统是已标配安装的主动保护系统的组成部分。

2 注意力辅助系统是怎样工作的？

驾驶员驾驶方式改变时会被注意力辅助系统识别出来。驾驶员注意力不集中或疲劳时，注意力辅助系统就会在中央信息显示屏 CID 内以检查控制信息的形式显示休息建议。

每次启动发动机后达到约 70km/h 以上车速时就会自动启用注意力辅助系统。如果系统已启用，开始行驶时就会创建驾驶方式配置。在此考虑以下标准：

① 个人驾驶方式，例如转向方式；

② 行驶条件，例如时钟时间或持续行驶时间；

③ 长时间行驶的持续时间；

④ 持续行驶时间。

注意力辅助系统有哪些限制条件？

例如出现以下情况时功能可能会受到限制且不会发出警告或发出错误警告：

① 时间设置错误；

② 车速基本上低于约 70km/h；

③ 采用运动驾驶方式，例如急加速或快速转弯行驶时；

④ 在主动行驶情况下，例如频繁变更车道时；

⑤ 路面情况较差时；

⑥ 侧风较大时。

十四、夜视系统

什么是夜视系统？

夜视系统可在夜间最佳条件下识别出最远约 100m 处的行人和动物，尤其可在光线阴暗和恶劣路段上（例如在与树林毗邻的乡村道路上）行驶时为驾驶员提供支持。若识别出危险情况，系统会在必要时提醒注意道路上的行人和动物（图 2-39）。

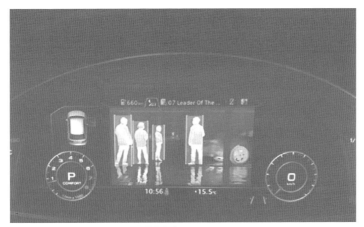

图 2-39　夜视系统

 ## 夜视系统是怎样工作的?

集成在格栅内的夜视系统摄像机（图 2-40）拍摄车辆前方区域并将数据传输至夜视系统电子装置 NVE。在 5℃以下温度时会接通一个加热装置，从而避免摄像机结冰。

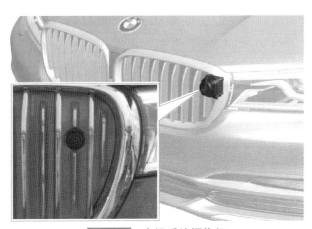

图 2-40　夜视系统摄像机

由夜视系统电子装置 NVE 对图像数据进行分析，并通过视频输出单元

FBAS 将相应图像信息传输至控制单元（图 2-41）。

图 2-41　夜视系统电子装置 NVE 控制单元

夜视系统的工作原理如下。

系统可识别出与行人或动物形似的温热物体，并根据需要在中央信息显示屏 CID 上显示出来（图 2-42）。目标识别作用范围：

❶ 行人识别最远约 100m；

❷ 大型动物识别最远约 150m；

❸ 中型动物识别最远约 70m。

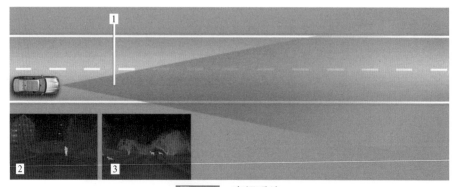

图 2-42　夜视系统

1—夜视系统摄像机识别范围；2—识别出行人时的夜视系统摄像机图像（中央信息显示屏 CID 显示）；3—识别出动物时的夜视系统摄像机图像（中央信息显示屏 CID 显示）

夜视系统识别出行人并确定其位置和距离。在考虑到车速和转向角的情况下，系统计算出是否存在危险并在组合仪表和平视显示屏内（如果有的话）显示警告标志（预警）。在紧急情况下还会发出声音警告信号（严重警告）。警告限值取决于行人或动物移动还是静止。

（1）预警

如果系统识别到警告区域内有行人或动物，就会发出预警（图2-43）。根据行人或动物所在位置，预警以黄色亮起的图标形式显示位于自身车道内或在自身车道内移动的行人或动物。可以识别出特定大小以上的动物，例如鹿。

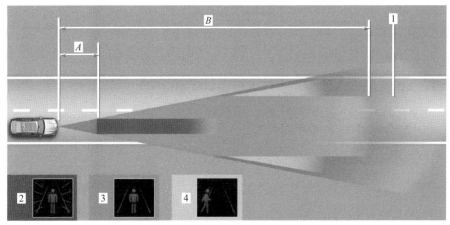

图2-43 夜视系统警告区域（预警）

A—最小距离约8m；B—行人预警最大距离约100m（长度取决于车速）；1—夜视系统摄像机识别范围（拍摄角度约24°）；2—识别出行人的严重警告区域；3—预警警告区域（行人位于车道上）；4—预警警告区域（行人穿越车道）

（2）严重警告

只有即将发生碰撞危险时才会发出严重警告。严重警告触发时刻的设计方案为，只有通过马上进行最大制动或通过避让绕行才能避免发生碰撞。发出严重警告时，会使车辆制动器做好最大制动准备。

组合仪表平视显示屏内的严重警告显示一个位于车道内以红色闪烁的行人或动物符号，此外还发出一个声音警告信号（图2-44）。

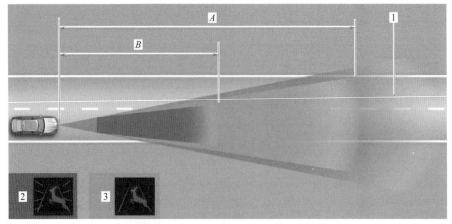

图 2-44 夜视系统警告区域（严重）

A—动物预警最大距离约160m（长度取决于车速和所识别动物的大小）；*B*—动物严重警告最大距离约100m（长度取决于车速和所识别动物的大小）；1—夜视系统摄像机识别范围（拍摄角度约24°）；2—识别出动物的严重警告区域；3—预警警告区域（识别范围的宽度取决于动物的大小及其移动情况）

（3）中央信息显示屏显示

发出行人或动物警告与中央信息显示屏内的夜视系统摄像机图像无关。警告内容不再通过中央信息显示屏显示，而是仅在组合仪表和平视显示屏内显示。如果夜视系统摄像机图像处于启用状态，就会以黄色显示所识别的行人和动物（图 2-45 和图 2-46）。

图 2-45 识别出行人时中央信息显示屏内的夜视系统摄像机图像

图 2-46 识别出动物时中央信息显示屏内的夜视系统摄像机图像

 什么是夜视系统的动态标记灯？

　　动态标记灯已包含在选装配置带行人和动物识别功能的夜视系统内。为了进行更好的识别，通过动态标记灯照亮所识别的目标，从而确保更高的安全性。

　　通过夜视系统摄像机识别行人或动物。在远约 100m、近约 30m 的范围内有针对性地进行照明。不仅照亮行人或动物，驾驶员也可在路面上看到一条光带。通过这种方式，驾驶员可在始终关注路况的同时注意潜在的危险源。与行人不同，识别到动物时只会以闪烁形式照明。

　　系统会一直照亮所识别的目标，直至其不再位于警告区域内。根据情况最多可单独照亮两个目标。为此通过三次闪烁使驾驶员注意危险目标。持续照亮期间会启用组合仪表上的蓝色指示灯。发出警告期间，驾驶员可通过操作远光灯瞬时接通功能，关闭用于当前警告的动态标记灯。

　　为了能够使用动态标记灯，需要满足以下前提条件或情况：

❶ 车灯开关必须处于"自动"位置；

❷ 在警告区域内不允许存在光源；

❸ 近光灯、远光灯必须亮起。

在车辆设置上显示动态标记灯已开启。

4　夜视系统有哪些限制条件？

出现以下情况时功能可能会受到限制且不会发出警告或发出错误警告：

① 在陡坡上和急转弯时；

② 摄像机上有污物或挡风玻璃损坏时；

③ 大雾、大雨或大雪时；

④ 车外温度较高时。

也可能会出现错误进行或不进行行人或动物识别的情况，例如以下情况可能会出现：

① 行人或动物被全部或部分遮挡，特别是头部被遮挡；

② 行人未处于直立姿势，例如躺下时；

③ 骑车人未使用传统自行车，例如斜躺自行车；

④ 系统受到机械影响，例如发生事故后。

特别是虽然可在中央信息显示屏内看到小型动物，但可能无法通过目标识别将其识别出来，因此可能也不会发出警告。

十五、驻车距离监控系统

1　什么是驻车距离监控系统？

驻车距离监控系统 PDC 可在驶入和驶出停车位时为驾驶员提供支持，通过声音信号和视觉显示表示目前与障碍物的距离（图 2-47）。

图 2-47 驻车距离监控系统

2 驻车距离监控系统是怎样工作的？

通过后部保险杠饰板内的四个超声波传感器和前部保险杠饰板内的另外四个超声波传感器测量与障碍物之间的距离（图 2-48）。

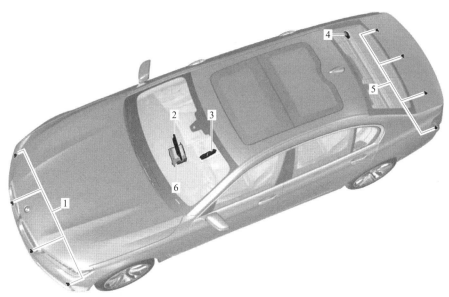

图 2-48 驻车距离监控系统的组成

1—前部驻车距离监控系统超声波传感器；2—中央信息显示屏 CID；3—操作单元；4—驻车操作辅助系统 PMA 控制单元；5—后部驻车距离监控系统超声波传感器；6—Headunit High 2（HU-H2）

在不带驻车操作辅助系统、带有驻车距离监控系统 PDC 的车辆上配备一个独立的控制单元，进行诊断时将其识别为 PMA 控制单元，在总线示意图中也将其称为 PMA 控制单元。也就是说，在此不再对 PDC 与 PMA 控制单元名称进行区分（但就硬件规格而言，各控制单元仍然有所区别，且软件根据具体规格进行调整）（图 2-49）。

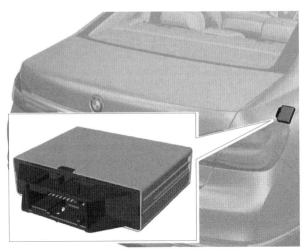

图 2-49　驻车操作辅助系统 PMA 控制单元

驻车距离监控系统的工作原理如下。

不仅在挂入倒挡位 R 的情况下，而且在挂入行驶挡位 D 的情况下也会自动启用驻车距离监控系统 PDC。此外，当车辆以约 5km/h 以下车速接近某一目标时也会自动启用自动 PDC。

案例：驾驶员以约 50km/h 车速沿道路行驶，长时间行驶后接近位于道路右侧的大门入口。大门入口宽 2.80m，左右两侧各有一堵墙。此时车辆向右转弯以便驶入大门入口。假设在上述示例中空间非常有限，而且由于转弯半径条件不利，车辆以不足 0.6m 的距离接近大门入口左侧围墙。在此情况下 PDC 会在车辆接近围墙时且车速未超过 4km/h 的情况下自动启用。

出现以下情况时会自动启用驻车距离监控系统 PDC：

❶ 向前行驶时与车辆前方物体距离不足约 0.6m；

❷ 倒车时与车辆后方物体距离不足约 1.5m；

❸ 车速未超过约 4km/h。

驻车距离监控系统 PDC 的启用距离根据具体情况而定，因此可变。只有所识别目标（车辆前方或后方）直接位于车道内（有碰撞危险）时才会发出声音。如果所识别目标不直接在车道内，仅在中央信息显示屏内发出视觉反馈（图 2-50）。

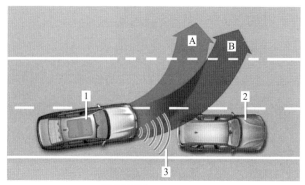

图 2-50　目标识别

A—不接触目标的车道（驾驶员获得视觉反馈）；B—接触目标的车道（驾驶员获得视觉和声音反馈）；1—转弯车辆；2—所识别目标；3—通过 PDC 传感器探测障碍物

　　如果要通过 PDC 自动探测到目标，则必须重新启用系统，从而避免例如在自动洗车设备内无意间接通。通过以下方式重新启用：车速超过 5km/h；切换行驶挡位，将行驶挡位切换到空挡位置时，不会自动启用驻车距离监控系统 PDC，从而同样避免例如在自动洗车设备内接通。

（1）主动式监控

　　驻车距离监控系统 PDC 功能增加了主动式驻车距离监控系统功能。在步行速度下（车速低于约 6km/h）识别出车辆后方有障碍物时，该功能会自动使车辆制动直至停车。

　　在操作加速踏板且出现障碍物的情况下会进行制动器预调节并提醒驾驶员轻踩制动踏板。在未操作加速踏板且与障碍物距离很近的情况下该功能会以最大制动力制动直至停车，这样可避免发生碰撞并降低损坏程度，可随时通过操作加速踏板对自动制动干预进行控制，进行自动车辆制动直至停车后可通过轻踩加速踏板慢慢靠近障碍物。

　　关闭动态稳定控制系统 DSC 时，也会停用主动式驻车距离监控系统。如果在动态稳定控制系统 DSC 关闭状态下接通主动式驻车距离监控系统，也会自动启用 DSC。

（2）侧面保护

集成在保险杠侧面的四个超声波传感器所探测的障碍物可通过驻车距离监控系统 PDC 进行显示说明（表 2-2）。

表 2-2　显示说明

中央信息显示屏显示	说明
彩色标记	提醒注意识别到的障碍物
灰色标记	尚未探测车辆旁边区域
无标记	未识别出障碍物

系统仅显示之前驶过时超声波传感器识别出的静止障碍物，无法识别出之后障碍物是否移动，因此在静止状态下所显示的标记在约 13s 后会变为灰色。

3　驻车距离监控系统有哪些限制条件？

（1）关闭标准

行驶约 50m 或车速超过 36km/h 后就会关闭。出现故障时，会在中央信息显示屏 CID 内显示一条检查控制信息（"PDC 失灵，请相关人员检查系统"）。此外还会在中央信息显示屏 CID 内以阴影方式显示传感器探测范围。

（2）系统限制

受物理学条件所限，可能会出现驻车距离监控系统识别不出障碍物的情况。下面列举一些出现这种情况的示例：

❶ 物体比较纤细或呈楔形时；

❷ 物体位置较低时；

❸ 物体带有棱角和尖锐边缘时；

❹ 下雪时；

❺ 物体带有多孔表面时。

在探测范围内没有障碍物的情况下也可能会显示警告信息。例如出现以下情况时可能会发生这种情况：下大雨时；传感器上污物较多或结冰；传感器被雪覆盖；路面崎岖；路面不平，例如减速带；在带有光滑墙壁的、较大且呈直角的建筑物内，例如地下车库内；尾气排放严重；存在其他超声波源。

为确保功能完全正常，必须保持超声波传感器洁净且未结冰。使用高压清洗设备清洁传感器时，应避免高压水束直接且长时间对着传感器。此外，使用高压清洗设备时应与传感器保持至少 30cm 的距离。

十六、交叉行驶警告系统

 ## 什么是交叉行驶警告系统？

交叉行驶警告系统可在驶出停车位以及其他复杂的日常情况下（例如在复杂的入口和出口处）为驾驶员提供支持。

根据车辆配置，可提供后部和前部交叉行驶警告功能。系统可识别出车辆前方或后方（根据车辆配置）从侧面接近的目标。交叉行驶警告系统可在驶出停车位和进入交叉行驶车流时提醒驾驶员注意交叉行驶情况并在必要时发出警告。

 ## 交叉行驶警告系统是怎样工作的？

如果识别出有移动目标以当前车速会在接下来约 3s 内进入车辆前方或后方区域内，就会发出视觉和声音警告。此外还会通过后部交叉行驶警告功能控制车外后视镜玻璃内的 LED。在此通过车道变更警告系统的信号单元会根据目标接近车辆的方向控制左侧或右侧车外后视镜内的显示。

在约 7km/h 以下车速时，交叉行驶警告功能启用。该功能的其他前提条件还包括侧面雷达传感器可探测到街道或正在接近的目标。雷达传感器可探测距离车辆 30 ～ 40m 范围内的目标。交叉行驶警告系统示例如图 2-51 所示。

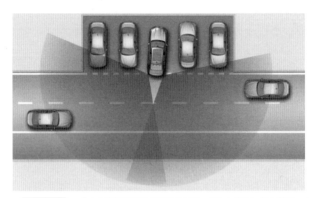

图 2-51 交叉行驶警告系统示例：驶出停车位过程

（1）后部交叉行驶警告功能

后部交叉行驶警告功能可在例如倒车驶出停车位时为驾驶员提供支持，并在不易看清交通情况的条件下提醒可能会与交叉行驶车流发生碰撞。

在中央信息显示屏 CID 驻车距离监控系统 PDC 图像内显示警告。配合选装配置倒车摄像机（SA 3AG）使用，以后会为后部交叉行驶警告功能在中央信息显示屏 CID 内增加一项附加显示，在摄像机视频图像内以红色显示条形式显示警告。驾驶员挂入倒挡位 "R" 或驻车距离监控系统 PDC 启用时，会主动接通后部交叉行驶警告功能。

在带有选装配置环视系统的车辆上，如果之前启用了全景系统，也会主动接通后部交叉行驶警告功能。后部交叉行驶警告功能在 0 ～ 7km/h 车速范围内执行。

（2）前部交叉行驶警告功能

前部交叉行驶警告功能可在例如从出口处或复杂十字路口处驶入交叉行驶

车流时为驾驶员提供支持。前部交叉行驶警告功能包含在选装配置高级行驶辅助系统（SA 5AT）内，因此装备前部交叉行驶警告功能的车辆，也会自动配备后部功能。

在中央信息显示屏 CID 驻车距离监控系统 PDC 图像内显示警告。驻车距离监控系统 PDC 启用且自身车身未超过约 7km/h 时，会主动接通前部交叉行驶警告功能。

在带有选装配置环视系统（SA 5DL）的车辆上，如果之前启用了全景系统，也会主动接通前部交叉行驶警告功能。与后部交叉行驶警告功能相同，前部功能也在 0 ～ 7km/h 车速范围内执行。

交叉行驶警告系统有哪些限制条件？

（1）显示说明

传感器识别出车辆时，PDC 视图内的相应边缘区域以红色闪烁（图 2-52）。

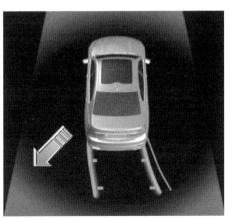

图 2-52 PDC 视图内的交叉行驶警告系统

在中央信息显示屏 CID 的 PDC 显示图像内，通过前部摄像机或倒车摄像机视频图像中的红色显示条来显示警告。全景系统视图启用时通过中央信息显示屏 CID 内的红色显示条来显示交叉行驶警告功能（图 2-53）。

图 2-53　全景系统（前部交叉行驶警告功能）

　　既可针对前方视图也可针对倒车视图为驾驶员提供交叉行驶警告功能（图 2-54）。

图 2-54　全景系统（后部交叉行驶警告功能）

（2）限制条件

主要在以下情况下会自动停用交叉行驶警告系统：

❶ 自身车速超过步行速度（限值约为 7km/h）时；

❷ 启用转向和方向导向辅助系统时；

❸ 启用驻车辅助系统的驻车过程时。

出现以下情况时功能可能会受到限制：

❶ 在传感器探测范围内有其他目标遮挡交叉行驶车流；

❷ 大雾、大雨或大雪；

❸ 保险杠上有污物、结冰；

❹ 保险杠上的雷达传感器区域有标签；

❺ 正在接近的车辆车速很快；

❻ 横向移动目标的移动速度很慢；

❼ 急转弯。

十七、驻车操作辅助系统

 ## 什么是驻车操作辅助系统？

驻车操作辅助系统 PMA 可为驾驶员提供支持：一方面可以测量停车位大小，并根据测量结果确定停车位是否够大；另一方面可减少驾驶员停车入位的操作。

 ## 驻车操作辅助系统是怎样工作的？

（1）驻车操作辅助系统的重要传感器和操作元件概览（图2-55）

❶ 驻车辅助按钮是驻车操作辅助系统 PMA 的主要操作部件（序号 8）。

❷ 前部保险杠内的两个附加超声波传感器负责在行驶期间测量停车位（序号 1）。

❸ 通过后部保险杠饰板内的四个超声波传感器和前部保险杠饰板内的另外四个超声波传感器测量与障碍物的距离（序号 11 和 19）。

❹ 通过位于后部保险杠内的另外两个超声波传感器在停车入位过程中准确探测横向停车位。通过附加 PDC 传感器测量与所识别目标的距离。

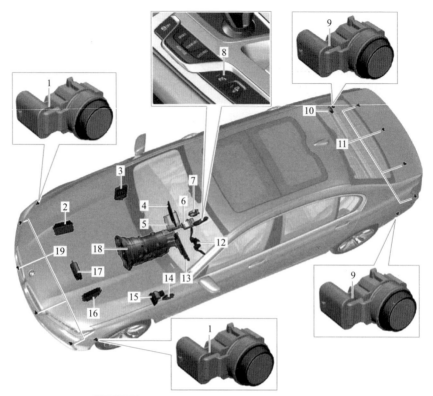

图 2-55 驻车操作辅助系统 PMA 的系统组件

1—驻车操作辅助系统超声波传感器；2—数字式发动机电子系统 1（DME1）；3—车身域控制器 BDC；4—中央信息显示屏 CID；5—Headunit High 2（HU-H2）；6—碰撞和安全模块 ACSM；7—控制器 CON；8—驻车辅助按钮；9—后部侧面驻车距离监控系统超声波传感器；10—驻车操作辅助系统 PMA 控制单元；11—后部驻车距离监控系统超声波传感器；12—转向柱开关中心 SZL；13—组合仪表 KOMBI；14—选装配置系统 SAS 控制单元；15—动态稳定控制系统 DSC；16—数字式发动机电子系统 2（DME2）；17—电子助力转向系统 EPS；18—变速箱电子控制系统 EGS；19—前部驻车距离监控系统超声波传感器

（2）系统电路图

图 2-56 展示了驻车和掉头时使用的所有系统组件。根据车辆配置也可能安装部分系统组件。

（3）驻车操作辅助系统的工作原理

驻车操作辅助系统 PMA 可辅助停入与道路平行（纵向停车）和垂直（垂直停车）的停车位。为此，在以约 35km/h 以下车速驶过时，无论之前是否启用，系统都会对可能的停车位进行测量。

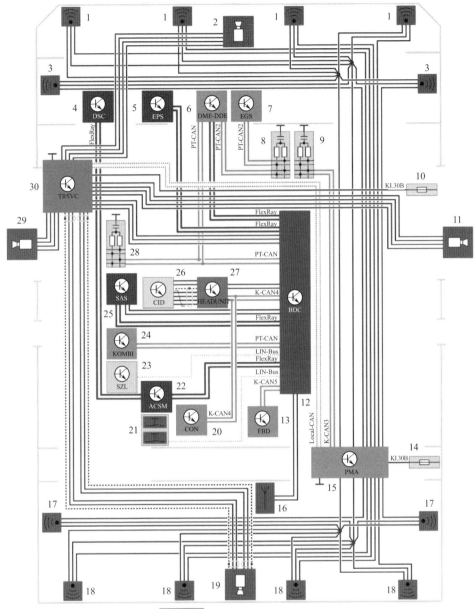

图 2-56　驻车和掉头系统电路

1—前部驻车距离监控系统超声波传感器；2—前部摄像机；3—驻车操作辅助系统超声波传感器；4—动态稳定控制系统 DSC；5—电子助力转向系统 EPS；6—数字式发动机电子系统 DME/数字式柴油机电子系统 DDE；7—变速箱电子控制系统 EGS；8、9—CAN 终端电阻；10—右前配电盒内的熔丝；11—右侧侧视摄像机；12—车身域控制器 BDC；13—遥控信号接收器 FBD；14—右后配电盒内的熔丝；15—驻车操作辅助系统 PMA 控制单元；16—遥控驻车天线；17—后部侧面驻车距离监控系统超声波传感器；18—后部驻车距离监控系统超声波传感器；19—倒车摄像机 RFK；20—控制器 CON；21—用于启用摄像机的驻车辅助按钮和操作按钮；22—碰撞和安全模块 ACSM；23—转向柱开关中心 SZL；24—组合仪表KOMBI；25—选装配置系统 SAS 控制单元；26—中央信息显示屏 CID；27—Headunit High 2（HU-H2）；28—CAN 终端电阻；29—左侧侧视摄像机；30—顶部后方侧视摄像机 TRSVC 控制单元通过集成在前部车轮罩内的两个附加超声波传感器测量停车位。这两个传感器与驻车操作辅助系统 PMA 控制单元连接，在该控制单元内还执行驻车距离监控系统 PDC 功能。这两个超声波传感器的功能与驻车距离监控系统 PDC 相似，即发出超声波脉冲并接收回声脉冲。

为在停车入位过程中准确探测垂直停车位，在后部保险杠内装有另外两个超声波传感器。通过附加 PDC 传感器测量与所识别目标的距离。只要发现了长度和宽度满足要求的停车位且系统已经启用，就会在中央信息显示屏内显示该车位。在接下来的过程中由驻车操作辅助系统 PMA 负责包括转向、制动和选挡的整个车辆操控。

监控车辆周围情况仍像以前一样是驾驶员的责任所在。根据车辆周围情况的需要，驾驶员可随时对自动停车入位操作进行干预。在搜索停车位和停车入位过程中驾驶员可通过集成显示获得有关停车位本身、停车入位辅助状态和相应处理说明以及与其他目标距离的所有信息。

 ## 3 驻车操作辅助系统的工作条件是什么？

（1）前提条件

执行驻车操作辅助系统 PMA 功能需要满足以下基本前提。

❶ 车门必须处于关闭状态。

❷ 后备厢盖必须处于关闭状态。

❸ 驾驶员必须系上安全带。

❹ 驻车制动器必须已松开。

（2）测量停车位

可在行驶期间测量停车位，为此需要注意以下参数。

❶ 向前直线行驶车速不超过约 35km/h。

❷ 与停车列的最大距离为 1.5m。

如果搜索停车位时在超声波传感器探测范围内探测到路沿，大多数情况下会将其识别为与道路平行的停车位。搜索与道路垂直的停车位时，路沿大多数情况下不在超声波传感器的探测范围内（探测范围约为 4.2m）（图 2-57）。

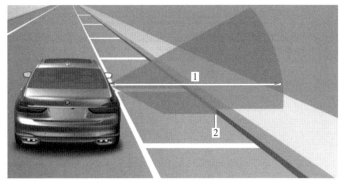

图 2-57　通过超声波传感器探测路沿

1—探测范围约为 4.2m，超声波传感器的垂直探测角度为 ±30°；2—探测路沿

（3）与道路平行的合适停车位（纵向停车）

车辆探测的目标最小长度必须约为 0.5m。目标长度约为 0.5m 时，PMA 传感器还需要通过探测路沿来确定此为纵向停车位，从而停入纵向停车位内（图 2-58 和表 2-3）。

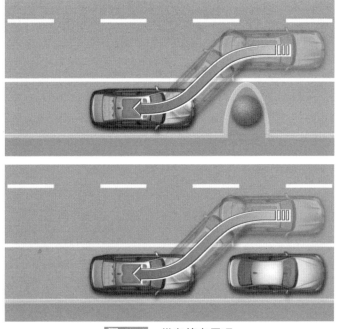

图 2-58　纵向停车原理

表 2-3　停车位大小

停车位大小	车辆长度 + 约 0.8m
目标长度	至少 0.5m
所识别目标的最小数量	1 个
停车位最小深度	约 1.5m

纵向停车的停车位要求如图 2-59 所示。

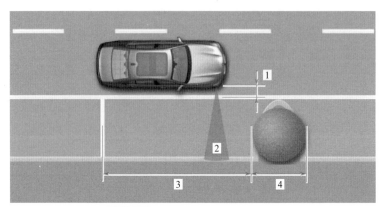

图 2-59　纵向停车的停车位要求

1—与停车列或目标的最大距离为 1.5m；2—超声波传感器的水平探测角度为 ±40°，探测范围约为 4.2m；3—停车位长度 = 车辆长度 + 约 0.8m；4—目标或车辆长度至少为 0.5m

（4）与道路垂直的合适停车位（垂直停车）

垂直停车如图 2-60 所示。

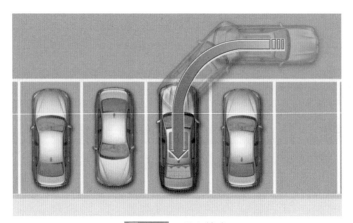

图 2-60　垂直停车

垂直停车的停车位要求如图 2-61 所示。

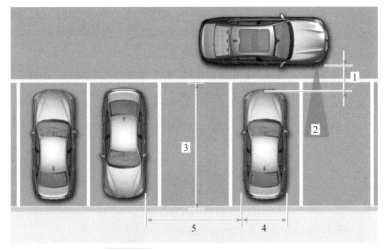

图 2-61　垂直停车的停车位要求

1—与停车列的最大距离为 1.5m；2—超声波传感器的水平探测角度为 ±40°，探测范围约为 4.2m；3—停车位最小深度为自身车辆长度；4—车辆或目标宽度至少为 0.5m；5—停车位宽度 = 车辆宽度 + 约 0.7m，最大不超过 5m

（5）探测通用型停车位

由于存在系统技术限制，车辆无法始终识别出正确停车位，因此可能会错误识别停车位或将不适用的停车场或非停车位识别为停车位。

所探测的停车位大小既适合垂直于道路的停车入位也适合平行于道路的停车入位。由于没有路沿，车辆无法准确确定停车位，系统提示存在通用型停车位，在此情况下驾驶员必须自行决定如何停入车位（图 2-62）。

（6）侧面保护

侧面保护功能可以提醒驾驶员车辆侧面有障碍物，从而在驶入和驶出停车位以及掉头时为驾驶员提供支持（图 2-63）。

通过分别集成在前部和后部保险杠侧面的两个超声波传感器测量与障碍物的距离。车辆自身移动会使传感器所识别的障碍物形成沿车辆侧面的运动轨迹。这会在中央信息显示屏 CID 内显示出来，在可能发生碰撞的情况下还会发出一个声音警告（图 2-64）。

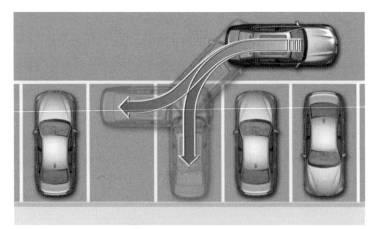

图 2-62　探测通用型停车位

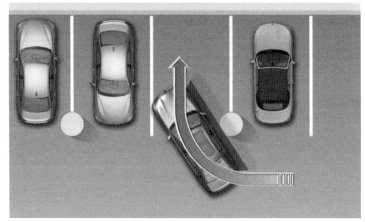

图 2-63　侧面保护

图 2-64　中央信息显示屏内的侧面保护视图

　　系统不考虑接近静止车辆的障碍物，因为在此情况下系统无法进行正确分析。识别的前提是车辆自身移动。

在中央信息显示屏 CID 内显示的距离标记在停车后显示的持续时间约13s。只有车辆再次移动后才会重新显示距离标记。

 # 驻车操作辅助系统有哪些限制条件？

（1）关闭标准

❶ 手动关闭标准。可根据需要随时停用驻车操作辅助系统 PMA。驾驶员可使用控制器在中央信息显示屏 CID 功能栏内选择相应符号，从而停用系统。此外也可通过松开 iDrive 控制器旁开关组件内的驻车辅助按钮来停用驻车操作辅助系统 PMA。

❷ 自动关闭标准。出现以下情况时就会自动关闭驻车操作辅助系统 PMA：

a. 松开驻车辅助按钮时；

b. 握紧方向盘或自动转向时；

c. 选择与控制显示说明不符的挡位时；

d. 加速时；

e. 拉紧驻车制动器时；

f. 接通与所需停车侧相反的转向信号灯时；

g. 车速超过约 10km/h 时；

h. 路面有积雪或路面光滑时；

i. 后备厢盖打开时；

j. 遇到无法跨越的障碍物时，例如路沿；

k. 突然出现障碍物时；

l. 超过停车入位进程或停车入位持续时间最大数值时。

（2）限制条件

目标识别受到超声波测量物理学规律的限制。下面列举一些出现这种情况的示例：

❶ 使用挂车牵引杆和牵引钩时；

❷ 物体比较纤细或呈楔形时；

③ 物体处于高处且突出，例如墙体伸出部分或装载物；

④ 物体带有角和尖锐棱边；

⑤ 物体带有精细表面或结构，例如栅栏。

发出持续音之前或之后，已显示的低矮物体（例如路沿）可能会进入传感器的死角区域。无法识别位于高处、突出的物体，例如墙体伸出部分，也可能会识别出并不合适的停车位。如出现以下情况也可能存在其他功能限制：

① 传感器有污物或结冰；

② 大雾、大雨或大雪；

③ 路面不平，例如碎石路面；

④ 路面光滑；

⑤ 上坡或下坡坡度较大；

⑥ 停车位内有树叶堆积或雪堆。

为确保功能完全正常，必须保持超声波传感器洁净且未结冰。使用高压清洗设备清洁传感器时，应避免高压水束直接且长时间对着传感器。此外，使用高压清洗设备时应与传感器保持至少30cm的距离。

十八、遥控驻车

什么是遥控驻车？

遥控驻车辅助系统可通过显示屏钥匙遥控车辆驶入和驶出停车位。通过这种方式，系统可在无法实现驾驶员舒适上下车的狭窄正向停车位（例如车库和停车楼内）为驾驶员提供支持。遥控驻车的主要优点有避免上下车困难、避免上下车时撞到车门和更有效地利用停车空间。

在此遥控驻车功能执行以下车辆功能（考虑系统限制）：

① 纵向导向（切换行驶挡位、加速、制动）；

② 横向导向（最小转向校正）；

③ 启动和关闭发动机；

④ 在监控车辆周围情况时提供支持（通过超声波传感器和摄像机进行，

责任仍在于驾驶员）；

⑤ 接通和关闭近光灯；

⑥ 松开和挂入电动驻车制动器。

遥控驻车系统是怎样工作的？

（1）遥控驻车系统的组成

顶部后方侧视摄像机 TRSVC 控制单元和选装配置系统 SAS 控制单元是遥控驻车功能的主要系统组件。通过驻车距离监控系统和驻车操作辅助系统的超声波传感器以及环视系统摄像机进行环境识别（图 2-65）。

进行驾驶员或显示屏钥匙定位时使用舒适登车系统天线和遥控驻车天线。

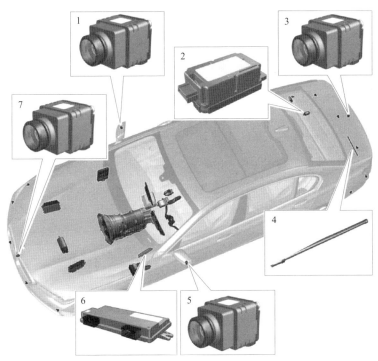

图 2-65 遥控驻车的组成

1—右侧侧视摄像机；2—遥控信号接收器 FBD；3—倒车摄像机 RFK；4—遥控驻车天线；5—左侧侧视摄像机；6—顶部后方侧视摄像机 TRSVC 控制单元；7—前部摄像机

（2）遥控驻车的工作原理

由驻车距离监控系统和驻车操作辅助系统的超声波传感器以及环视系统摄像机在其系统限制内监控整个驻车过程。在此过程中驾驶员位于车外，驾驶员负责通过直接观察监督车辆周围情况，并能够随时通过显示屏钥匙终止驻车过程。如果驾驶员离开了操作范围，车辆就会自动停止（图2-66）。

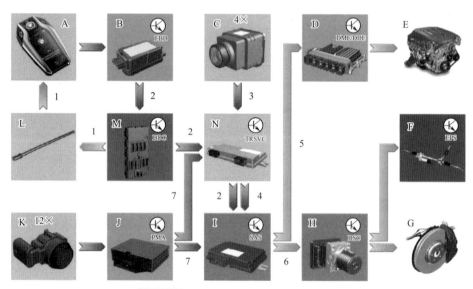

图 2-66　遥控驻车功能的输入 / 输出

A—显示屏钥匙；B—遥控信号接收器 FBD；C—环视系统摄像机；D—数字式发动机电子系统
DME/ 数字式柴油机电子系统 DDE；E—驱动装置；F—电动机械式助力转向系统 EPS；G—制
动系统；H—动态稳定控制系统 DSC；I—选装配置系统 SAS 控制单元；J—驻车操作辅助系统
PMA 控制单元；K—超声波传感器；L—遥控驻车天线；M—车身域控制器 BDC；N—顶部后
方侧视摄像机 TRSVC 控制单元

在驻车过程中可通过显示屏钥匙使车辆移动其车辆长度的 1.5 倍距离。在此过程中车速约为 1.8km/h。只能在向前停车入位过程中进行最小转向校正，在通过遥控驻车功能驶出停车位过程中不进行转向干预，因此只能以直线方式驶出停车位。

遥控驶入和驶出停车位并非强制关联。就是说，驾驶员可自行驶入停车位，之后遥控驶出停车位，反之亦然，但只能向前遥控驶入停车位（图2-67）。

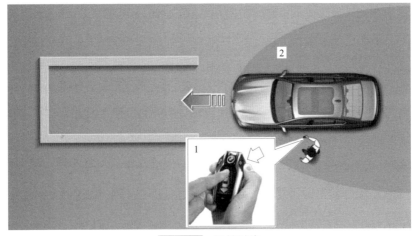

图 2-67　遥控驻车

1—显示屏钥匙；2—遥控驻车操作范围

遥控驻车应用情况概览如图 2-68 所示。

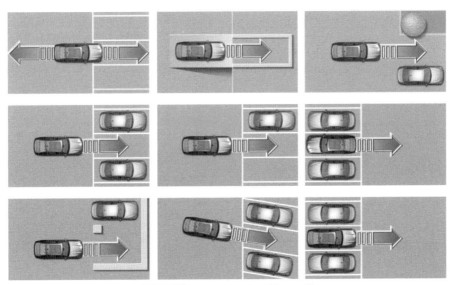

图 2-68　遥控驻车应用情况概览

（3）遥控驻车的过程

为了通过遥控驻车功能自动实现停车入位，必须满足特定情况或前提（图 2-69）。

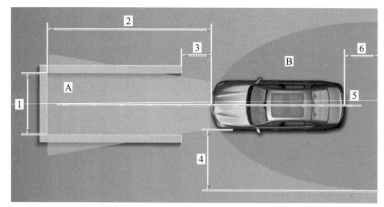

图 2-69　遥控驶入停车位的前提条件

A—可能的停车范围；B—可能的操作范围；1—最小停车位宽度为 2.7m；2—最大移动距离为 9m；3—与停车位最大距离为 2m；4—驾驶员与车辆侧面最大距离为 1.5m；5—通过微小转向校正补偿相对于停车位中心的最大 3°扭转和最大 10cm 偏移；6—驾驶员与车辆后方最大距离为 3m

可在最大 5% 的上下坡路上进行遥控驻车。

表 2-4 概括了可进行和不可进行遥控驻车的情况。

表 2-4　可进行和不可进行遥控驻车的情况

驻车情况	说明
	车辆以直线方式向前驶入停车位
	车辆以直线方式向前且略微偏移地驶入停车位
	车辆向前驶入停车位并进行最小转向校正

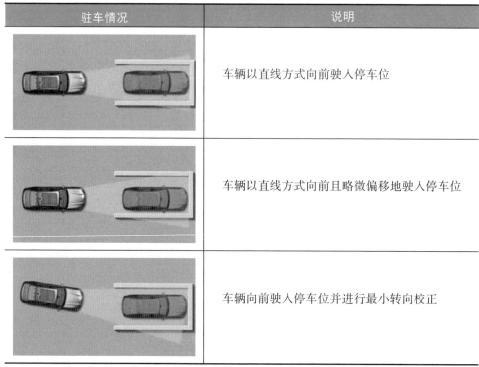

驻车情况	说明
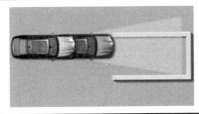	车辆向前驶入停车位并停车，扭转过大。解决方案：将车辆停在停车位中间（可能需要多次停车入位）
	车辆向前驶入停车位并停车，偏移过大。解决方案：将车辆停在中间

遥控驻车过程如下。

❶ 显示屏钥匙功能：

a. 调出车门和车窗状态；

b. 调出防盗报警装置状态；

c. 接通和关闭驻车暖风；

d. 调出可达里程；

e. 调出服务信息；

f. 遥控驶入停车位。

该显示屏为 320×240 像素分辨率的 2.2in 大 LCD 触摸显示屏（图 2-70）。

通过显示屏钥匙上的触摸显示屏和遥控驻车按钮进行遥控驻车操作，这样可对功能进行直观操作，并通过所需操作和系统限制为驾驶员提供直接反馈。

必须在整个驻车过程中按住遥控驻车按钮，否则不会启动停车入位过程，或在松开按钮时会对车辆进行紧急制动（之后会挂入电动驻车制动器）。终止车辆与显示屏钥匙之间的数据传输也会启动制动功能直至车辆静止，因为只能在车辆近距离内传输数据。

❷ 启用。使用前，遥控驻车功能必须处于启用状态。启用遥控驻车功能如图 2-71 所示。

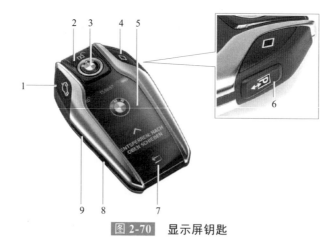

图 2-70　显示屏钥匙

1—打开 / 关闭后备厢盖；2—开锁；3—上锁；4—可编程按钮；5—触摸显示屏；6—遥控驻车按钮；7—返回；8—接通 / 关闭显示屏；9—Micro USB 接口

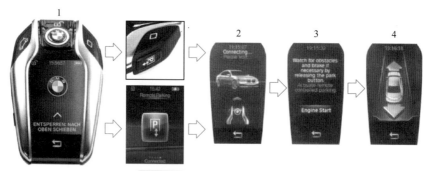

图 2-71　启用遥控驻车功能

1—通过按压侧面按钮启用显示屏，之后通过滑动运行解锁；2—建立与车辆的连接，为此或者在主菜单内选择遥控驻车随即按住遥控驻车按钮，或者在解锁后立即按住遥控驻车按钮；3—通过显示屏钥匙启动发动机；4—通过按下箭头符号或推动车辆符号来控制车辆行驶方向

❸ 驶入停车位。表 2-5 描述了遥控驶入停车位的方式以及在此期间执行的车辆功能。

可随时通过显示屏钥匙使车辆停住：通过轻微制动干预使车辆制动直至静止；通过松开遥控驻车按钮进行紧急制动。

❹ 驶出停车位。表 2-6 描述了遥控驶出停车位的方式以及在此期间执行的车辆功能。

表 2-5　遥控驶入停车位的方式以及在此期间执行的车辆功能

序号	停车位置	驾驶员	车辆
1		（1）在正向停车位前停车 （2）关闭发动机并挂入变速器挡位 P （3）下车 （4）通过显示屏钥匙启用遥控驻车功能	
2		（1）在操作范围内定位 （2）按住遥控驻车按钮 （3）一直等到显示功能准备就绪 （4）通过显示屏钥匙启动发动机	（1）启用电动驻车制动器 （2）启动发动机 （3）启用行车制动器 （4）松开电动驻车制动器
3		朝向前方向按压显示屏钥匙上的方向箭头，并在此期间观察车辆周围情况	（1）从 P 挡切换为 D 挡 （2）松开行车制动器 （3）驶入停车位 （4）保持规定车速 （5）调节距离 （6）进行转向校正

序号	停车位置	驾驶员	车辆
4		（1）随时可以改变方向 （2）朝向前方向按压显示屏钥匙上的方向箭头	（1）制动直至静止 （2）从D挡切换为R挡 （3）松开行车制动器 （4）倒车行驶 （5）保持规定车速 （6）调节距离
5		为了再次改变方向，朝向前方向按压显示屏钥匙上的方向箭头	（1）制动直至静止 （2）从R挡切换为D挡 （3）松开行车制动器 （4）驶入停车位 （5）保持规定车速 （6）调节距离 （7）进行转向校正
6		（1）顺利完成驶入停车位过程时，松开遥控驻车按钮 （2）通过显示屏钥匙关闭发动机 （3）通过显示屏钥匙停用遥控驻车功能 （4）使车辆上锁	（1）制动直至静止 （2）启用行车制动器 （3）从D挡切换为P挡 （4）挂入电动驻车制动器 （5）关闭发动机

表 2-6　遥控驶出停车位的方式及在此期间执行的车辆功能

序号	停车位置	驾驶员	车辆
1		（1）在操作范围内定位 （2）通过显示屏钥匙启用遥控驻车功能	（1）发动机关闭 （2）已挂入变速箱挡位P和拉紧电动驻车制动器
2		（1）按住遥控驻车按钮 （2）一直等到显示功能准备就绪 （3）通过显示屏钥匙启动发动机	（1）启动发动机 （2）启用行车制动器 （3）松开电动驻车制动器
3		朝向后方向按压显示屏钥匙上的方向箭头，并在此期间观察车辆周围情况	（1）从P挡切换为R挡 （2）松开行车制动器 （3）从停车位驶出 （4）保持规定车速 （5）调节距离

序号	停车位置	驾驶员	车辆
4		（1）顺利完成驶出停车位过程时，松开遥控驻车按钮 （2）通过显示屏钥匙关闭发动机 （3）通过显示屏钥匙停用遥控驻车功能	（1）制动直至静止 （2）启用行车制动器 （3）从 R 挡切换为 P 挡 （4）拉紧电动驻车制动器 （5）关闭发动机

识别出障碍物时，遥控驻车功能使车辆制动直至静止，并防止车辆溜车（启用行车制动器并挂入变速箱挡位 P ）。如果移开了所识别的障碍物，可继续执行遥控驻车功能最多 30s。如果超出该时间，遥控驻车功能就会关闭发动机并拉紧电动驻车制动器。可随时通过显示屏钥匙使车辆停住：

❶ 通过轻微制动干预使车辆制动直至静止；

❷ 通过松开遥控驻车按钮（车辆进行紧急制动并拉紧电动驻车制动器）。

为确保在遥控驻车期间进行制动干预，启用遥控驻车功能时对制动系统进行检查。在此以规定压力控制制动活塞并分析由此产生的制动压力。如果产生的制动压力超出规定范围，就会停用遥控驻车功能。

3 遥控驻车系统有哪些限制条件？

出现以下情况时遥控驻车功能可能会受到限制：

❶ 路面不平，例如碎石路面；

❷ 路面光滑；

❸ 上坡或下坡坡度较大；

❹ 停车位内有树叶堆积或雪堆；

⑤ 装有应急车轮；

⑥ 已测量的停车位发生变化；

⑦ 遇到沟壑或深谷，例如港口边缘。

由于存在超声波测量系统技术限制，系统可能会做出错误反应或没有反应。超声波测量限制：

① 遇到儿童或动物；

② 传感器有污物、结冰、损坏或堵塞；

③ 使用其他车辆的挂车牵引杆和牵引钩；

④ 物体处于高处且突出，例如墙体伸出部分或装载物。

十九、定速巡航控制系统

 ## 什么是定速巡航控制系统？

按驾驶员要求的速度合开关之后，不用踩油门踏板就自动地保持车速，使车辆以固定的速度行驶。采用了这种装置，当在高速公路上长时间行车后，驾驶员就不用再去控制油门踏板，减轻了疲劳，同时减少了不必要的车速变化，可以节省燃料。

 ## 定速巡航控制系统是怎样工作的？

（1）定速巡航控制系统的组成

一个77GHz雷达传感器发射电磁波束，雷达传感器接收和分析物体的反射回波，由此可获得雷达传感器前方物体的信息，其中包括大小、距离以及由此计算出的速度。系统的雷达传感器可主要根据天气情况识别出最远200m的前方车辆。

传感器位于前部保险杠进气口格栅后方（图2-72）。

图 2-72　传感器安装位置

1—具有停车和起步功能的主动定速巡航控制系统的传感器；2—可拆卸格栅

由于改善了雷达传感器（图 2-73）的探测功能并通过 KAFAS 立体摄像机的图像数据进行校准，因此可识别出相邻车道上的车辆。如果这些车辆驶入本车车道，具有停车和起步功能的主动定速巡航控制系统就会根据驶入或前方车辆调节车速。随后将恒定保持驾驶员所选的时间间隔。具有停车和起步功能的主动定速巡航控制系统在前方没有车辆时调节车速，在传感器系统识别出自身车道内有缓慢行驶的车辆时自动切换到车距调节功能。必要时，系统的停车和起步功能可使车辆完全静止。因此，无论是在多车道的高速公路和乡村道路上，还是在市内封闭道路和环形道路上，具有停车和起步功能的主动定速巡航控制系统不仅在交通顺畅的情况下，而且在堵车情况下也可为驾驶员提供支持。

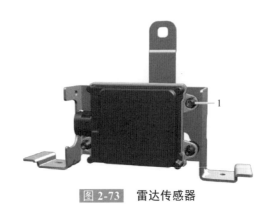

图 2-73　雷达传感器

1—可进行调节

设置车速的调节范围最高限制在 210km/h。启用 ECO PRO 或运动模式时也会将具有停车和起步功能的主动定速巡航控制系统调节为节省燃油或运动的驾驶方式。采用 ECO PRO 驾驶模式时，在某些情况下可能会由于节省燃油的驾驶方式导致超过或低于设置的预期车速，例如下坡或上坡行驶时。

（2）定速巡航控制系统的工作原理

具有停车和起步功能的主动定速巡航控制系统（图 2-74）调节驾驶员设定的预期车速，并根据交通情况自动调节针对前方车辆的预选跟车距离（可将轿车、货车和摩托车识别为车辆）。具有停车和起步功能的主动定速巡航控制系统在高速行驶直至车辆静止期间均可发挥作用。在此范围内，系统对车距和车速进行自动调节。

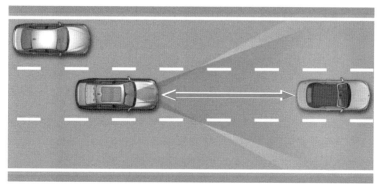

图 2-74　主动定速巡航控制系统

根据驻车时间，可自动或根据驾驶员指令实现从静止状态起步。具有停车和起步功能的主动定速巡航控制系统不仅可以识别出缓慢停住的车辆，而且可以识别出静止车辆。由于改善了前方区域监控，系统可更迅速地对驶入、驶出以及转弯车辆做出反应。通过连接 KAFAS 立体摄像机扩展了使用范围。由具有停车和起步功能的主动定速巡航控制系统对图像数据进行分析。摄像机探测到车辆尾部时，KAFAS 控制单元便可准确识别出车辆。此外 KAFAS 控制单元还负责确定车道信息、车辆位置和车辆移动情况（图 2-75）。

除图像数据外，还通过雷达传感器探测和分析雷达数据。汇总图像数据和雷达数据可实现准确识别道路标线并区分静止车辆和其他固定物体。

❶ 定速巡航控制系统。定速巡航控制系统根据驾驶员设置的预期车速和实际车速计算出一个规定加速度和规定减速度。

❷ 加速和减速。驾驶员可通过多功能方向盘 MFL 上的翘板开关设置所需

车速或所需加速度。

❸ 转弯行驶时的定速巡航控制系统。该功能又称为"横向加速度调节功能"，用于在定速巡航控制系统接通情况下防止车辆转弯行驶时横向加速度超过舒适限值。系统根据车速和横摆率计算出横向加速度。系统将该数值与随车速变化的限值进行比较，从而实现下列看似矛盾的目标。

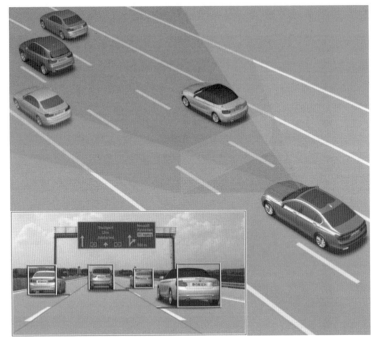

图 2-75　通过汇总雷达传感器和 **KAFAS** 立体摄像机数据进行目标识别

a. 在驾驶员希望以较高横向加速度行驶的情况下，避免进行限制过强的干扰性干预。

b. 在高速行驶时进行有效干预，从而显著降低动力性。大多数驾驶员都会因横向加速度过高感觉不舒服，因此会采用较低限值。

转弯速度调节功能的输出参数也是纵向加速度的规定值。

❹ 车距调节。车距调节功能是具有停车和起步功能的主动定速巡航控制系统的核心功能。驾驶员可通过多功能方向盘 MFL 上的多功能按钮分四个挡位选择预期车距。具有停车和起步功能的主动定速巡航控制系统根据选择结果计算出与前方车辆的规定车距从而进行调节。在带有选装配置主动定速巡航控制系统的车辆上，通过两个用于减小和增大车距的按钮调节车距。在带有选装

配置高级行驶辅助系统的车辆上通过翘板开关调节车距。

在车辆行驶期间，规定车距与车速成正比。在低速行驶和车辆静止期间，具有停车和起步功能的主动定速巡航控制系统不再使用与车速成正比的车距，而是使用以米为单位的固定值。如果在根据当前车辆状态预先计算的自身车道上有车辆驶入或驾驶员接近某一前方车辆时，具有停车和起步功能的主动定速巡航控制系统就会根据驶入或前方车辆准确调节车速。

具有停车和起步功能的主动定速巡航控制系统启用时组合仪表内的显示及说明如图 2-76 和表 2-7 所示。

图 2-76 组合仪表内的显示

表 2-7 显示说明

符号	说明
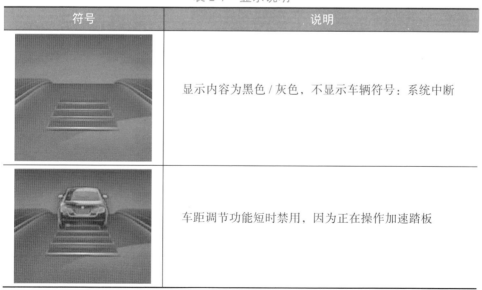	显示内容为黑色 / 灰色，不显示车辆符号：系统中断
	车距调节功能短时禁用，因为正在操作加速踏板

符号	说明
	车辆符号和车距显示条以红色闪烁并发出声音信号：要求通过制动器进行干预，必要时避让绕行
	车距调节功能启用： 　　具有停车和起步功能的主动定速巡航控制系统根据设置车距进行调节（车距1）； 　　此外车速表上用于具有停车和起步功能的主动定速巡航控制系统的车速表标记以绿色亮起
	车距调节功能启用： 　　具有停车和起步功能的主动定速巡航控制系统根据设置车距进行调节（车距2）； 　　此外车速表上用于具有停车和起步功能的主动定速巡航控制系统的车速表标记以绿色亮起
	车距调节功能启用： 　　具有停车和起步功能的主动定速巡航控制系统根据设置车距进行调节（车距3）； 　　此外车速表上用于具有停车和起步功能的主动定速巡航控制系统的车速表标记以绿色亮起，车距3大致相当于车速表数值的一半（单位：m），首次接通系统时会自动进行预设
	车距调节功能启用： 　　具有停车和起步功能的主动定速巡航控制系统根据设置车距进行调节（车距4）； 　　此外车速表上用于具有停车和起步功能的主动定速巡航控制系统的车速表标记以绿色亮起

符号	说明
	与前方车辆距离过近时就会显示该符号

❺ 限速辅助。限速辅助功能是具有停车和起步功能的主动定速巡航控制系统（SA 5DF）的一项子功能，在采用前瞻性驾驶方式时，通过使用将来的限速为驾驶员提供支持。同时可通过使用滑行功能、反拖力矩和制动力矩进行控制以达到最优耗油量。限速功能启用时组合仪表上的显示如图 2-79 所示。

图 2-77　限速功能启用时组合仪表上的显示

1—在车速表内，当前车速与新预期车速之间的区域带有绿色标记；2—系统接通时显示亮起；3—通过一个绿色箭头表示新车速高于或低于设置的预期车速；4—限速信息显示；5—交通标志牌以绿色亮起(识别出限速变化时立即生效)；6—距离数据表示可能会在特定距离发生限速变化

❻ 系统电路图。如图 2-77 所示。

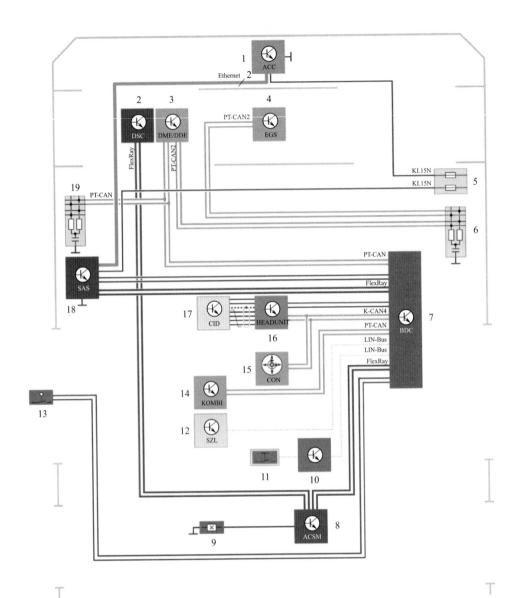

图 2-78　系统电路图

1—具有停车和起步功能的主动定速巡航控制系统；2—动态稳定控制系统 DSC；3—数字式发动机电子系统 DME/数字式柴油机电子系统 DDE；4—变速箱电子控制系统 EGS；5—右前配电盒内的熔丝；6—CAN 终端电阻；7—车身域控制器 BDC；8—碰撞和安全模块 ACSM；9—驾驶员座椅安全带锁扣触点；10—音响系统操作面板；11—智能型安全按钮；12—转向柱开关中心 SZL；13—驾驶员车门触点开关；14—组合仪表 KOMBI；15—控制器 CON；16—Headunit High 2（HU-H2）；17—中央信息显示屏 CID；18—选装配置系统 SAS 控制单元；19—CAN 终端电阻

二十、方向导向和堵车辅助系统

 什么是方向导向和堵车辅助系统？

方向导向和堵车辅助系统由两个子功能组成，分别为堵车辅助功能（第二代）和方向导向辅助功能。在 0 ～ 70km/h 车速范围内执行堵车辅助功能，在 70 ～ 210km/h 车速范围内执行方向导向辅助功能（图 2-79）。两项子功能的不同之处见表 2-8。

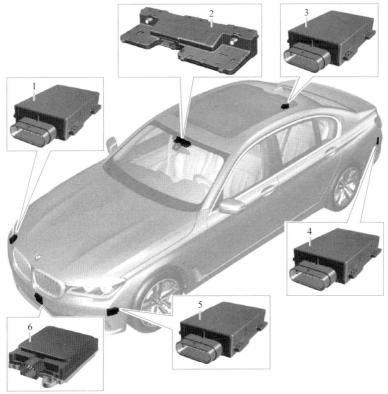

图 2-79 堵车和方向导向辅助系统的组成

1—右侧雷达传感器 RSR 控制单元；2—KAFAS 立体摄像机；3—右侧车道变更警告系统（主控单元）；4—左侧车道变更警告系统（副控单元）；5—左侧雷达传感器 RSL 控制单元；6—主动定速巡航控制系统 ACC

表 2-8　两项子功能的不同之处

堵车辅助功能	方向导向辅助功能
0～70km/h 车速范围	70～210km/h 车速范围
朝前方车辆方向提供转向干预支持	朝车道中心方向提供转向干预支持
考虑所识别的道路标线	由于以前方车辆为导向，因此会在有限时间内越过车道

通过方向盘上的一个电容性传感器（放手检测传感器）及其 HOD 电子系统识别是否触摸方向盘。HOD 电子系统位于方向盘内驾驶员安全气囊下方（图 2-80）。

图 2-80　带 HOD 控制单元的方向盘

仅在方向盘轮缘处而非方向盘辐条、方向盘顶部或方向盘缓冲垫处识别双手在方向盘上。

传感器由缠绕在方向盘轮缘上的传感器垫构成（图 2-81）。

双手离开方向盘轮缘几秒钟后，就会停用转向和方向导向辅助功能（包括堵车辅助功能）。为了能够执行转向和方向导向辅助功能（包括堵车辅助功能），必须握住方向盘。戴手套或加装护套驾驶时，传感器可能无法识别出与方向盘接触，因此无法执行系统功能。

在车身域控制器 BDC 内进行方向盘触摸识别（放手检测）诊断。

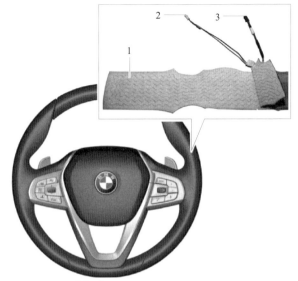

图 2-81 触摸识别装置的传感器垫

1—传感器垫；2—电容性触摸识别装置接口；3—方向盘加热装置接口

 方向导向和堵车辅助系统是怎样工作的？

系统根据车速以车道界限或前方车辆为导向。通过五个雷达传感器和 KAFAS 立体摄像机确定车道界限和前方车辆的位置。

（1）工作条件

需要满足以下前提条件才能执行转向和方向导向辅助功能（包括堵车辅助功能）。

❶ 车速必须低于 210km/h。

❷ 车速超过 70km/h 时，必须识别出两侧车道界限。

❸ 车速低于 70km/h 时，必须识别出两侧车道界限或一辆前方车辆。

❹ 车道必须足够宽。

❺ 车辆应尽可能处于车道中间。

⑥ 转弯半径必须足够大。

⑦ 至少有一只手必须在方向盘轮缘上。

⑧ 不允许操作转向信号灯。

⑨ 交付车辆后必须马上完成摄像机校准过程。

借助识别出的左侧和右侧道路标线执行包含 KAFAS 立体摄像机数据分析的主动横向调节功能。启用系统时需要识别出两条车道界限。在约 70km/h 车速以下，识别出自身车道内有一辆前方车辆也可启用系统。

边界条件（例如双手不在方向盘上、车道过窄或造成 KAFAS 立体摄像机眩目）不充足时会将系统设置为准备状态。再次满足所有边界条件时就会自动重新启用。启用系统时会对其他参数例如车速进行分析。系统根据相关数值决定接通哪项功能。如前所述，在此按如下方式设置限值：可在 0 ~ 70km/h 车速范围内接通堵车辅助功能；可在 70 ~ 210km/h 车速范围内接通方向导向辅助功能。

（2）工作逻辑

横向导向功能的主工作逻辑在选装配置系统 SAS 控制单元内实现。针对该功能会提供大部分 KAFAS 立体摄像机数据，用于车道和目标识别算法。其余的整个车辆网络通过 FlexRay 和 CAN 连接提供车速、车轮转速、横摆率、转向角、横向加速度、纵向加速度等动力性数据。在选装配置系统 SAS 控制单元内计算规定轨迹。根据该数据决定是否需要进行转向校正。

（3）转向干预

如果当前车辆路线与规定轨迹存在明显偏差，就会进行转向校正。转向干预具有校正特性，就是说，不能免除驾驶员控制车辆的责任。由于根据横向加速度将校正式转向干预限制在约 $1.5m/s^2$，因此在没有驾驶员支持的情况下系统无法驶过超过车速决定转弯半径的弯道。驾驶员必须主动控制转向以免离开车道。按如下方式根据车速计算规定轨迹和所需转向校正。

❶ 0 ~ 70km/h 车速范围。

a. 通过前方车辆位置和前方车辆移动过程进行转向校正。

b. 为了避免朝"离开车道"方向进行不必要的转向校正，会考虑所识别的道路标线。

c. 只要未识别出前方车辆，就会朝车道中心方向进行校正式转向干预。

❷ 70 ～ 130km/h 车速范围。

a. 朝车道中心方向进行转向校正。

b. 可能会在有限时间内越过未识别出的道路标线。可能会由于根据前方车辆估算车道走向而产生这种情况。

❸ 130 ～ 210km/h 车速范围。

a. 朝车道中心方向进行转向校正。

b. 出于安全原因，车速超过约 130km/h 后不根据前方车辆估算车道走向。

由于只能有限识别道路标线，因此在 0 ～ 70km/h 车速范围内主要将前方车辆用作"校正目标"。尤其在堵车和车流缓慢的情况下，经常会出现由于过于靠近导致跟车距离很近（不足 10m）以及由于错开行驶与前方车道成比例重叠的情况，这样会使 KAFAS 立体摄像机无法完全准确分析道路标线。对前方目标进行目标分类时应注意，不会将摩托车等车辆用作"校正目标"。

（4）转向力矩

动态稳定控制系统 DSC 控制单元内的行驶动态管理功能软件根据规定曲率计算规定转向力矩。规定转向力矩又通过电子助力转向系统 EPS 转换为发动机扭矩并最终形成车轮转向移动。最大可设置转向力矩的设计方案为，驾驶员始终可对其进行控制和调整。

（5）显示说明

显示说明见表 2-9。

表 2-9　显示说明

标志	说明
	方向盘符号为灰色： （1）系统中断且不执行转向移动，系统处于准备状态； （2）如果满足系统条件，就会自动重新启用系统

标志	说明
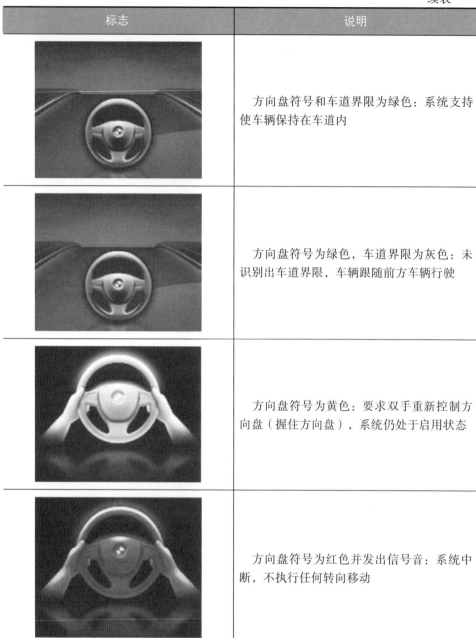	方向盘符号和车道界限为绿色：系统支持使车辆保持在车道内
	方向盘符号为绿色，车道界限为灰色：未识别出车道界限，车辆跟随前方车辆行驶
	方向盘符号为黄色：要求双手重新控制方向盘（握住方向盘），系统仍处于启用状态
	方向盘符号为红色并发出信号音：系统中断，不执行任何转向移动

（6）系统电路图

转向、方向导向和堵车辅助系统的电路图如图 2-82 所示。

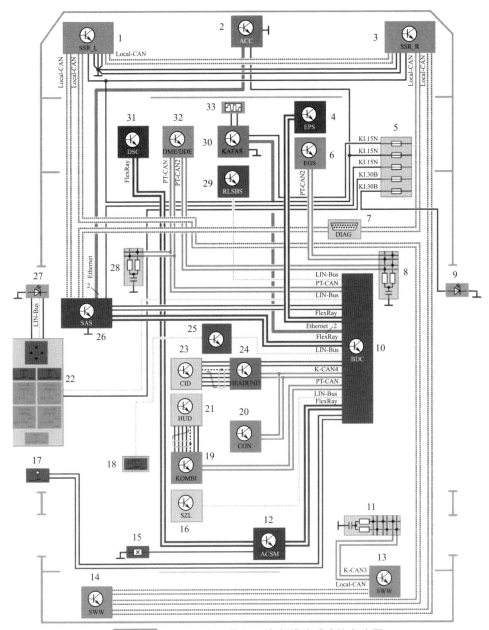

图 2-82 转向、方向导向和堵车辅助系统的电路图

1—左侧雷达传感器 RSL 控制单元（用于左前侧面碰撞警告系统的侧面雷达传感器）；2—主动定速巡航控制系统 ACC；3—右侧雷达传感器 RSR 控制单元（用于右前侧面碰撞警告系统的侧面雷达传感器）；4—电子助力转向系统 EPS；5—右前配电盒熔丝；6—变速箱电子控制系统 EGS；7—诊断插座；8，11，28—CAN 终端电阻；9—右侧车外后视镜玻璃内的信号单元（LED）；10—车身域控制器 BDC；12—碰撞和安全模块 ACSM；13—右侧车道变更警告系统（主控单元）；14—左侧车道变更警告系统（副控单元）；15—驾驶员安全带锁扣开关；16—转向柱开关中心 SZL；17—驾驶员车门锁开关；18—智能型安全按钮；19—组合仪表 KOMBI；20—控制器 CON；21—平视显示屏 HUD；22—驾驶员车门开关组件；23—中央信息显示屏 CID；24—Headunit High 2（HU-H2）；25—音响系统操作面板；26—选装配置系统 SAS 控制单元；27—左侧车外后视镜玻璃内的信号单元（LED）；29—晴雨 / 光照 / 水雾传感器 RLSBS；30—KAFAS 立体摄像机；31—动态稳定控制系统 DSC；32—数字式发动机电子系统 DME/ 数字式柴油机电子系统 DDE；33—KAFAS 立体摄像机加热装置

3 方向导向和堵车辅助系统有哪些限制条件？

（1）关闭标准

出现以下情况时会自动停用转向和方向导向辅助功能（包括堵车辅助功能）。

① 车辆离开所识别车道或车道宽度与要求不符。

② KAFAS立体摄像机未识别出当前车道的车道界限。

③ 未识别出前方车辆。

④ 车速高于210km/h。

⑤ 方向盘触摸识别（放手检测）未识别出双手（至少一只手）在方向盘轮缘上。在规定时间限值（几秒钟）后关闭系统。

⑥ 受道路转弯半径所限，摄像机拍摄角度无法再识别出内侧车道界限。

⑦ 行人保护功能进入"出现故障"运行状态。

⑧ 操作转向信号灯。

⑨ 驾驶员主动干预转向。

⑩ 超出特定时间未识别出车道界限且前方没有车辆。

⑪ 驾驶员手动关闭DSC（DSC关闭）。

⑫ 预防性行人保护功能进行干预。

⑬ 进行动态制动控制式制动（制动辅助系统）后。

（2）系统限制

在狭窄车道内行驶时，例如在施工现场或驶入应急车道时，无法启用或无法有效使用系统。

二十一、避让绕行辅助系统

1 什么是避让绕行辅助系统？

通常只能通过避让绕行操作避免与另一辆车（例如堵车时最后一辆

车）或障碍物碰撞。因为与制动操作时相似，避让绕行操作时驾驶员的反应时间起决定性作用，所以避让绕行辅助系统可以非常显著地防止出现碰撞危险。避让绕行辅助系统可在必须避让障碍物的危险行驶状况下，通过有针对性的转向干预为驾驶员提供支持。此外该系统还有助于在避让绕行操作期间或之后使车辆保持稳定。这一点通过动态稳定控制系统 DSC、电子助力转向系统 EPS 和辅助系统传感器数据分析之间的相互作用实现（图 2-83）。

图 2-83 动态稳定控制系统 DSC 和电子助力转向系统 EPS 之间的相互作用

 避让绕行辅助系统是怎样工作的？

避让绕行辅助系统的主要组件或重要传感器如下。

❶ 具有停车和起步功能的主动定速巡航控制系统借助 KAFAS 立体摄像机和前部雷达传感器识别物体或障碍物。

❷ 四个侧面雷达传感器监控车辆周围环境。在此同样分析 KAFAS 立体摄像机的数据，从而识别用于避让绕行的自由空间。

❸ 在选装配置系统 SAS 控制单元内计算规定轨迹，即真正的"避让绕行轨迹"。

④ 动态稳定控制系统 DSC 控制单元内的行驶动态管理功能软件根据"避让绕行轨迹"计算规定转向力矩。

⑤ 规定转向力矩由电子助力转向系统 EPS 转换为发动机扭矩，最终用于根据需要进行支持性转向干预。

⑥ 最大可设置转向力矩的设计方案是，驾驶员始终可对其进行控制和接管。

避让绕行辅助系统概览如图 2-84 所示。

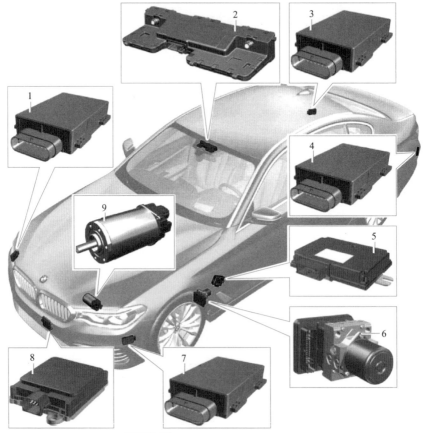

图 2-84　避让绕行辅助系统概览

1—右侧雷达传感器 RSR 控制单元；2—KAFAS 立体摄像机；3—右侧车道变更警告系统（主控单元）；4—左侧车道变更警告系统（副控单元）；5—SAS 选装配置系统；6—动态稳定控制系统 DSC；7—左侧雷达传感器 RSL 控制单元；8—主动定速巡航控制系统 ACC；9—电子助力转向系统（电动机械式助力转向系统）EPS

避让绕行辅助系统（图 2-85）的工作原理如下。

如果识别到车辆前方突然出现障碍物且驾驶员必须快速避让该障碍物的同时不必"显著"制动，就会进行紧急情况避让绕行。避让绕行辅助系统可在紧急情况下进行避让绕行操作时为驾驶员提供支持，该系统计算从障碍物旁经过时的最佳"避让绕行轨迹"。在自身车辆的物理极限范围内计算"避让绕行轨迹"。在此计算出的"避让绕行轨迹"设计用于使横向动力最小化。

图 2-85 避让绕行辅助系统（一）

预计进行避让绕行操作前，会预先做好车辆准备。在此按特性调整用于稳定车辆的所有功能，以便为驾驶员提供最大支持。因此可以在紧急进行避让绕行操作时，降低车辆状态不稳定或驾驶员负担过重的风险。

避让绕行辅助系统检查当前车辆位置和驾驶员对方向盘的控制，然后将信息与计算出的"避让绕行轨迹"进行比较。如果系统识别到偏差，则协调进行校正式转向干预，以按照事先估计的"避让绕行轨迹"操控车辆。

设计系统时已注意到不是解决驾驶员的转向要求，而是更改方向盘操作的触觉。进行避让绕行操作时通过电子助力转向系统 EPS 的附加支持力矩为驾驶员提供支持。如果识别到有碰撞危险的情况且发出严重警告，则避让绕行辅助系统评估交通情况。系统根据这种危险情况分析用于避让绕行操作的自由空间。为此雷达传感器和 KAFAS 立体摄像机监控车辆周围环境。如果前方车辆旁存在一种避让绕行方案且识别到本车侧面没有碰撞物体，则该系统可能进行支持性干预。

该系统在 40 ～ 160km/h 的车速范围内为驾驶员提供支持。驾驶员通过快速操作方向盘开始进行避让绕行操作，同时确定避让绕行方向。必要时会中止或抑制严重警告引起的制动干预。通过电子助力转向系统 EPS 进行支持性转向干预。系统使车辆"敏捷地"转过障碍物，同时使车辆重新"稳定"在避让绕行通道内。

由于改善了车辆对驾驶员转向命令的反应，因此可以在不危及车辆总体稳定性的情况下快速高效地避让绕行（图 2-86）。除了正常车道外，也可以将路肩用作避让绕行通道。

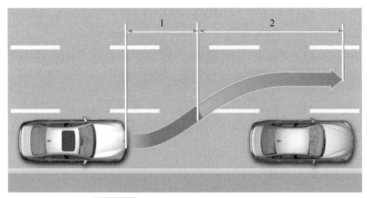

图 2-86　避让绕行辅助系统（二）

1—敏捷；2—稳定

3 避让绕行辅助系统有哪些限制条件？

（1）使用避让绕行辅助系统的前提条件

❶ 车速不允许低于约 40km/h 和高于约 160km/h。

② 系统必须已识别到避让绕行操作的自由空间。

（2）通常不能使用避让绕行辅助系统的情况

① 车速低于约 40km/h 或高于约 160km/h。

② 在驾驶员快速超车的过程中。

③ 驾驶员关闭了动态稳定控制系统 DSC 或存在 DSC 故障时。

④ 所有智能型安全系统都停用时。

⑤ 出现雷达传感器或 KAFAS 立体摄像机的系统限制时。

（3）系统极限

碰撞警告系统的识别能力受到限制，因此可能导致不发出警告或警告延迟，从而使避让绕行辅助系统工作方式受到限制。也可能无法识别以下车辆：

① 高速撞向缓慢行驶的车辆；

② 突然驶入的车辆或紧急制动的车辆；

③ 尾部特殊的车辆或尾灯装置无法完全看到的车辆；

④ 部分遮挡的车辆；

⑤ 前方两轮车。

在以下情况下，KAFAS 立体摄像机和雷达传感器的功能以及避让绕行辅助系统的功能可能会受到限制：

① 有大雾、大雨、雨水四溅或大雪时；

② 亮度不足时；

③ 对面照射光线强烈时；

④ KAFAS 立体摄像机的探测区域或挡风玻璃有污物时；

⑤ 急转弯时；

⑥ 通过 START/STOP 按钮启动发动机后最多 10s；

⑦ 行驶稳定性控制系统受到限制或停用时，例如 DSC "关闭"；

⑧ 在交付车辆或更换摄像机后马上进行的 KAFAS 摄像机校准过程中。

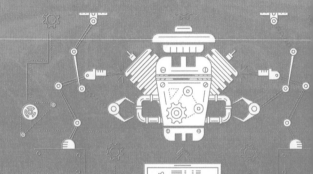

第三章
智能汽车摄像机与传感器

智能汽车摄像机有什么功能？

摄像机在无人车上的应用，主要有两大类功能：主要是感知能力；其次是定位能力。

（1）感知能力

在无人驾驶领域，摄像机的主要功能是实现各种环境信息的感知（图3-1）。可以看出摄像机可以提供的感知能力如下。

❶ 车道线（Lane），即图3-1中的深绿色线。车道线是摄像机能够感知的最基本的信息，拥有车道线检测功能即可实现高速公路的车道保持功能。

图 3-1　智能汽车摄像机的感知能力

❷ 障碍物（Obstacle），即图 3-1 中使用矩形框框住的物体。图 3-1 中仅有汽车、行人和自行车等物体，其实障碍物的种类可以更丰富，比如摩托车、卡车，甚至动物都是可以检测到的。有了障碍物信息，无人驾驶车辆即可完成车道内的跟车行驶。

❸ 交通标志牌和地面标志（Traffic Sign and Road Sign），即图 3-1 中使用虚线或实线矩形框框住的物体。这些感知信息更多的是作为道路特征与高精度地图做匹配后，辅助定位。当然也可以基于这些感知结果进行地图的更新。

❹ 可通行空间（Free Space），即图 3-1 中使用透明虚线覆盖的区域。该区域表示无人和车时可以正常行驶的区域。可通行空间可以让车辆不再局限于车道内行驶，实现更多跨车道的超车功能等，把车开得更像"老司机"。

❺ 交通信号灯（Traffic Light），即图 3-1 中使用虚线框框住的物体。交通信号灯状态的感知能力对于城区行驶的无人驾驶汽车十分重要，这也是为什么百度 Apollo 2.0 实现"简单路况自动驾驶"必须开放此功能。

（2）定位能力

根据提前建好的地图和实时的感知结果做匹配，获取当前无人车的位置（图 3-2）。

图 3-2　智能汽车摄像机的定位能力

 智能汽车摄像机主要安装在什么位置？

前部摄像机（图 3-3）位于两个前部装饰格栅之间。

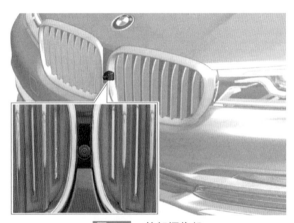

图 3-3　前部摄像机

在车外后视镜内集成有两个后视镜摄像机（图 3-4）。

倒车摄像机（图 3-5）可在驶入和驶出停车位以及掉头时为驾驶员提供支持。在中央信息显示屏 CID 内显示车辆后方区域。通过集成在图像内的距离和转弯圆辅助线、显示的障碍物标记以及根据需要提供的挂车缩放功能为驾驶员提供额外支持。车道辅助线取决于转向角并在方向盘转动过程中进行连续调节。转弯圆辅助线只能与车道辅助线一起在倒车摄像机图像内显示。转弯圆辅助线表示水平路面上最小的转弯走向。方向盘转动一定程度后只显示一个转弯圆辅助线。倒车摄像机位于后备厢盖拉手内。

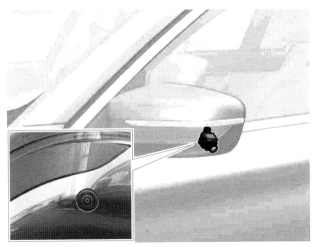

图 3-4　车外后视镜上的摄像机

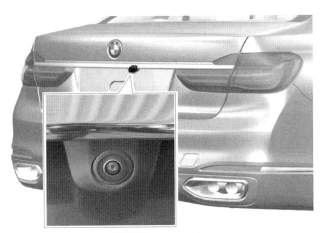

图 3-5　倒车摄像机

控制单元集成在倒车摄像机 RFK 内，是 K-CAN3 上的总线设备。通过一根 FBAS 导线将视频信号直接传输至 Headunit High 2（HU-H2）。计划以后实现倒车摄像机的以太网连接。

外部摄像机从多个视角探测车辆周围区域并通过以太网将信息发送至

TRSVC 控制单元。TRSVC 控制单元通过一根以太网导线将视频信号传输至 Headunit。Headunit 通过一根 APIX 导线将信号传输至中央信息显示屏 CID。TRSVC 控制单元（图 3-6）位于驾驶员侧脚部空间内。

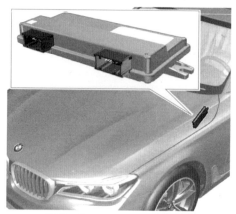

图 3-6　**TRSVC 控制单元**

 什么是视觉传感器？

视觉传感器是指通过对摄像头拍摄到的图像进行处理，对目标进行检测，并输出数据和判断结果的传感器。视觉传感器在智能网联汽车或无人驾驶汽车上是以摄像头（机）形式应用的，并搭载先进的人工智能算法，便于目标检测和图像处理（图 3-7）。

图 3-7　视觉传感器

4 视觉传感器有哪些类型?

根据镜头和布置方式的不同，视觉传感器主要包括：单目视觉传感器、双目视觉传感器、三目视觉传感器和环视视觉传感器。此外，红外夜视系统也属于视觉传感器一个独特的分支，图像处理算法在处理远红外夜视图像时依然能够发挥作用。接下来分别介绍这五类视觉传感器。

（1）单目视觉传感器（图3-8）

单目视觉传感器模块只包含一个摄像机和一个镜头。由于很多图像算法的研究都是基于单目视觉传感器开发的，因此相对于其他类别的车载视觉传感器，单目视觉传感器的算法成熟度更高。

单目视觉有两个先天的缺陷。一是它的视野完全取决于镜头。焦距短的镜头，视野广，但缺失远处的信息；反之亦然。二是单目测距的精度较低。摄像机的成像图是诱视图，即越远的物体成像越小。近处的物体，需要用几百甚至上千个像素点描述；而处于远处的同一物体，可能只需要几个像素点即可描述出来。这种特性会导致越远的地方，一个像素点代表的距离越大。因此，对于单目视觉来说，物体越远，测距的精度越低。

图 3-8 单目视觉传感器

（2）双目视觉传感器（图3-9）

由于单目测距存在缺陷，双目视觉应运而生，双目视觉传感器模块包含两个摄像机和两个镜头。相近的两个摄像机拍摄物体时，会得到同一物体在相机成像平面的像素偏移量。有了像素偏移量、相机焦距和两个车载视觉传感器的实际距离这些信息，根据数学换算即可得到物体的距离。

将双目测距原理应用在图像上每一个像素点时，即可得到图像的深度信息，深度信息的加入，不仅能便于障碍物的分类，更能提高高精度地图定位匹配的精度。

与单目系统相比，双目系统的特点如下：一是成本比单目系统要高，但尚处于可接受范围内，并且与激光雷达等方案相比成本较低；二是没有识别率的限制，因为从原理上无需先进行识别再进行测算，而是对所有障碍物直接进行测量；三是精度比单目高，直接利用视差计算距离。双目系统的一个难点在于计算量非常大，对计算单元的性能要求非常高。

图 3-9　双目视觉传感器

（3）三目视觉传感器

由于单目和双目都存在某些缺陷，因此很多智能网联汽车采用了三目视觉传感器方案。三目视觉传感器是三个不同焦距单目视觉传感器的组合。

特斯拉 AutoPilot 2.0 三目视觉传感器（图 3-10）安装在风窗玻璃下方，

图 3-10　特斯拉 **AutoPilot 2.0** 三目视觉传感器

分别为25°视场、50°视场、150°视场。其中，25°视场用于检测前车道线、交通灯，50°视场负责一般的道路状况监测，150°视场用于检测平行车道道路状况以及行人和非机动车行驶的状况。

对车载视觉传感器来说，感知的范围要么损失视野，要么损失距离。三目视觉传感器能较好地弥补感知范围的问题。三目摄像头的缺点是需要同时标定三个车载视觉传感器，因而工作量更大一些。另外，软件部分需要关联三个视觉传感器的数据，对算法要求也很高。

（4）环视视觉传感器

之前提到的三款视觉传感器所用的镜头都是非鱼眼的，环视视觉传感器采用的是鱼眼镜头，而且安装位置是朝向地面的。某些高配车型上会有"360°全景显示"功能，所用到的就是环视摄像机。

如图3-11所示为安装于车辆左右后视镜下和车辆后方的四个鱼眼镜头采集的图像。鱼眼摄像机为了获取足够大的视野，付出的代价是图像的畸变严重。

通过标定值进行图像的投影变换，可将图像还原成俯视图的样子。然后对四个方向的图像进行拼接，再在四幅图像的中间放上一张车的俯视图，即可实现从车顶往下看的效果，如图3-12所示。环视视觉传感器的感知范围并不大，主要用于车身5～10m内的障碍物检测、自主泊车时的库位线识别等。

图3-11 鱼眼镜头采集图像

图 3-12　车载视觉传感器环视效果

（5）红外夜视视觉传感器

夜间可见光成像的信噪比较低，从而导致视觉传感器夜间成像效果不佳，而红外夜视系统可以弥补光照不足条件下的视觉传感器的缺点。红外夜视系统可分为主动夜视和被动夜视两种类型。

红外夜视系统基于红外热成像原理，通过能够透过红外辐射的红外光学系统，将视场内景物的红外辐射聚焦到红外探测器上，红外探测器再将强弱不等的辐射信号转换成相应的电信号，然后经过放大和视频处理，形成可供人眼观察的视频图像。如图 3-13 所示，镜头中出现了多个行人，且都被标记出来。

图 3-13　红外夜视系统检测效果

5 视觉传感器是怎样工作的？

视觉传感器主要由光源、镜头、图像传感器、模/数转换器、图像处理器、图像存储器等组成，其主要功能是获取足够的机器视觉系统要处理的原始图像（图 3-14）。

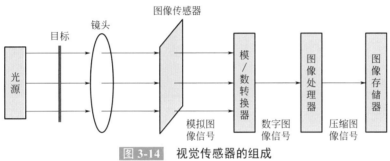

图 3-14 视觉传感器的组成

图像传感器（图 3-15）的作用是将镜头所成的图像转变为数字或模拟信号输出，是视觉检测的核心部件。CCD 是"电荷耦合器件"的简称；CMOS 是"互补金属氧化物半导体"的简称。

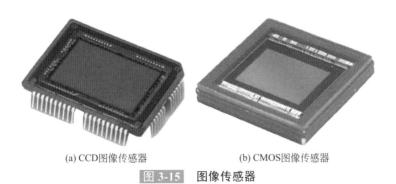

(a) CCD图像传感器　　　　(b) CMOS图像传感器

图 3-15 图像传感器

（1）CCD成像原理

当光线与图像从镜头透过，投射到 CCD 表面时，CCD 就会产生电流，将感应到的内容转换成数码资料储存起来。CCD 像素数目越多，单一像素尺寸越大，收集到的图像就会越清晰。

（2）CMOS成像原理

利用硅和锗这两种材料所做成的半导体，使其在 CMOS 上共存着带负电的 N 级和带正电的 P 级，这两个互补效应所产生的电流即可被处理芯片记录和解读成影像。

CCD 与 CMOS 的主要差异：CCD 传感器中每一行中每一个像素的电荷数据都会依次传送到下一个像素中，由最底端部分输出，再经由传感器边缘的放大器进行放大输出；而在 CMOS 传感器中，每个像素都会邻接一个放大器及 A/D 转换电路，用类似内存电路的方式将数据输出。造成这种差异的原因在于：CCD 的特殊工艺可保证数据在传送时不会失真，因此各个像素的数据可汇聚至边缘再进行放大处理；而 CMOS 工艺的数据在传送距离较长时会产生噪声，因此，必须先放大再整合各个像素的数据。相比于CCD，CMOS 虽然成像质量不如 CCD，但是 CMOS 因为耗电少（仅为 CCD芯片的 1/10 左右）、体积小、重量轻、集成度高、价格低，迅速得到各大厂商的青睐，目前除了专业摄像机外，大部分带有摄像头的设备使用的都是CMOS。

视觉传感器在智能网联汽车中解决的问题可以分为两类：物体的识别与跟踪、车辆本身的定位。

6 如何对视觉传感器进行标定？

视觉传感器的标定分为外参标定和内参标定。

在图像测量过程以及机器视觉应用中，为确定空间物体表面某点的三维几何位置与其在图像中对应点之间的相互关系，必须建立视觉传感器成像的几何模型，即求解几何模型参数（图3-16）。无论是在图像测量中还是在机器视觉应用中，视觉传感器参数的标定都是非常关键的环节，其标定结果的精度及算法的稳定性直接影响视觉传感器工作结果的准确性。

单目视觉传感器的标定是求解传感器坐标系相对于世界坐标系的旋转矩阵 $\boldsymbol{R}$ 和平移向量 $\boldsymbol{T}$ 等参数。

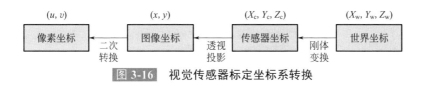

图 3-16　视觉传感器标定坐标系转换

视觉传感器采集图像后以标准电视信号的形式输入计算机，在计算机中以 $M \times N$ 矩阵保存。在图像上定义图像像素直角坐标系（O_t, u, v），每一个像素的坐标（u, v）分别表示该像素在数组中的列数与行数（图 3-17）。由于像素直角坐标系中（u, v）只表示像素位于数组中的列数与行数，并没有物理单位表示出该像素在图像中的位置，因此需要建立以物理单位表示的图像物理坐标系（O_1, X, Y）。若 O_1 在（u, v）坐标系中的坐标为（u_0, v_0），每一个像素在 x 轴与 y 轴方向上的物理尺寸为 dx 和 dy，则图像中任意一个像素在两个坐标系下的坐标有如下关系。

$$\begin{bmatrix} u \\ v \\ 1 \end{bmatrix} = \begin{bmatrix} \dfrac{1}{dx} & 0 & u_0 \\ 0 & \dfrac{1}{dy} & v_0 \\ 0 & 0 & 1 \end{bmatrix} \begin{bmatrix} x \\ y \\ 1 \end{bmatrix}$$

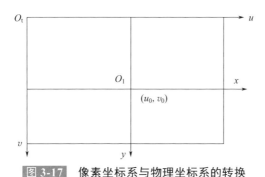

图 3-17　像素坐标系与物理坐标系的转换

视觉传感器坐标系是由点 O_c 与 X_c、Y_c 和 Z_c 轴组成的直角坐标系（图 3-18）。O_c 点称为视觉传感器的光学中心，简称光心。X_c 轴、Y_c 轴分别和 x 轴、y 轴平行，

Z_c 轴为视觉传感器的光轴，它与图像平面垂直，光轴与图像平面的交点，即为图像坐标系的原点，O_cO_1 为视觉传感器焦距。世界坐标系 $O_wX_wY_wZ_w$ 是一个基准坐标系，用于描述视觉传感器放置在拍摄环境中的位置和被拍摄物体的位置。

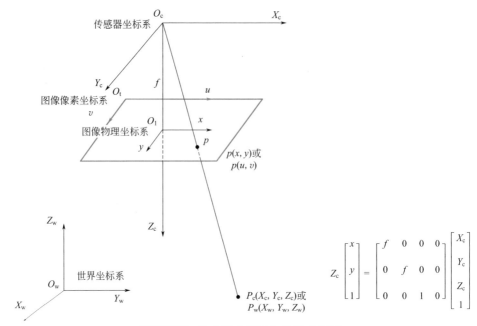

图 3-18 传感器坐标系与世界坐标系

视觉传感器坐标系向世界坐标系的变换，包括 x 轴、y 轴和 z 轴的旋转以及坐标平移，齐次坐标系变换矩阵为

$$\begin{bmatrix} X_c \\ Y_c \\ Z_c \\ 1 \end{bmatrix} = \begin{bmatrix} R & t \\ O^T & 1 \end{bmatrix} \begin{bmatrix} X_w \\ Y_w \\ Z_w \\ 1 \end{bmatrix} = M_1 \begin{bmatrix} X_w \\ Y_w \\ Z_w \\ 1 \end{bmatrix}$$

$$R = \begin{bmatrix} r_1 & r_2 & r_3 \\ r_4 & r_5 & r_6 \\ r_7 & r_8 & r_9 \end{bmatrix}, \quad O = (0,\ 0,\ 0)^T, \quad t = \begin{bmatrix} T_x \\ T_y \\ T_z \end{bmatrix}$$

其中，R 中各个参数 $r_1 \cdots r_9$ 可由旋转变换矩阵得到。

标定的流程如图 3-19 所示。标定用到的模板如图 3-20 所示。

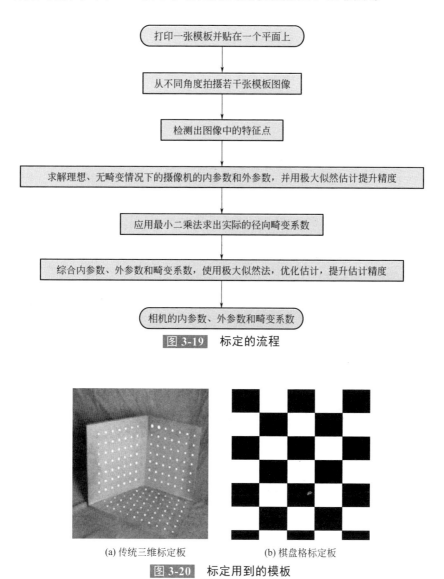

打印一张模板并贴在一个平面上

从不同角度拍摄若干张模板图像

检测出图像中的特征点

求解理想、无畸变情况下的摄像机的内参数和外参数，并用极大似然估计提升精度

应用最小二乘法求出实际的径向畸变系数

综合内参数、外参数和畸变系数，使用极大似然法，优化估计，提升估计精度

相机的内参数、外参数和畸变系数

图 3-19 标定的流程

(a) 传统三维标定板　　　　　(b) 棋盘格标定板

图 3-20 标定用到的模板

7 什么是超声波雷达？

声波是一种在气体、液体、固体中传播的弹性波，分为次声波（$f < 20Hz$）、

声波（20Hz≤f＜20kHz）和超声波（f≥20kHz）。声波是人耳能听到的声音，次声波和超声波是人耳听不到的声音。

超声波雷达也称超声波传感器，它是利用超声波特性研制而成的，是在超声波频率范围内将交变的电信号转换成声信号，或将外界声场中的声信号转换为电信号的能量转换器件。超声波是一种频率高于20kHz的声波（机械波），它的方向性好，反射能力强，易于获得较集中的声能。超声波雷达是利用超声波的特性研制而成的传感器，可以通过接收到反射后的超声波探知周围的障碍物情况，它可以消除驾驶员停车、泊车、倒车和启动车辆时前、后、左、右探视带来的麻烦，帮助驾驶员消除盲点和视线模糊缺陷，提高行车安全性。超声波雷达在汽车上经常用于倒车，所以也称倒车雷达（图3-21）。

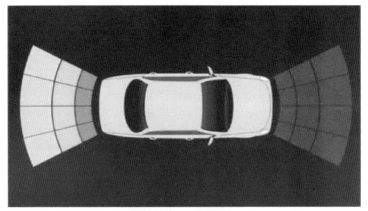

图 3-21　倒车雷达

（1）超声波雷达的优点

❶ 超声波雷达的频率都相对固定，例如汽车上用的超声波雷达，频率有40kHz、48kHz和58kHz等，频率不同，探测的范围也不同。

❷ 超声波雷达结构简单，体积小，成本低，信息处理简单可靠，易于小型化与集成化，并且可以进行实时控制。

❸ 超声波雷达灵敏度较高。

❹ 超声波雷达抗环境干扰能力强，对天气变化不敏感。

❺ 超声波雷达可在室内、黑暗中使用。

（2）超声波雷达的缺点

❶ 探测距离短，一般为 3 ～ 5m，因此应用范围受到限制。

❷ 适合于低速，在速度很快的情况下测量距离具有一定的局限性。

❸ 超声波有一定的扩散角，只能测量距离，不能测量方位，所以只能在低速时使用，而且必须在汽车的前、后保险杠不同方位上安装多个超声波雷达。

❹ 对于低矮、圆锥、过细的障碍物或者沟坎，超声波雷达不容易探测到。

❺ 超声波雷达存在盲区。

 # 超声波雷达是怎样工作的？

超声波雷达内部有一个发射头和一个接收头，安装在同一面上。在有效的检测距离内，发射头发射特定频率的超声波，遇到检测面反射部分超声波；接收头接收返回的超声波，由芯片记录超声波的往返时间，并计算出距离值；超声波雷达可以通过模拟接口和 IIC 接口两种方式将数据传输给控制单元（图 3-22）。

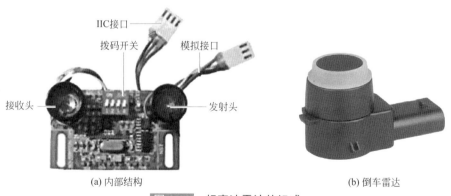

(a) 内部结构　　　　　　　　　　　(b) 倒车雷达

图 3-22　超声波雷达的组成

发射头发出的超声波脉冲，经媒质（空气）传到障碍物表面，反射后通过媒质（空气）传到接收头，测出超声脉冲从发射到接收所需的时间，根据媒质中的声速，求得从探头到障碍物表面之间的距离（图 3-23）。

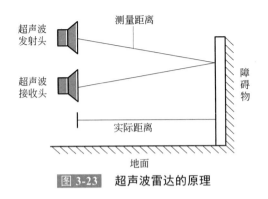

图 3-23 超声波雷达的原理

（1）测量距离

取决于其使用的波长和频率，波长越长，频率越小，测量距离越大。测量汽车前后障碍物的短距超声波雷达测量距离一般为 0.15 ～ 2.50m；安装在汽车侧面、用于测量侧方障碍物距离的长距超声波雷达测量距离一般为 0.30 ～ 5.0m。

（2）测量精度

传感器测量值与真实值有偏差。超声波雷达测量精度主要受被测物体体积、表面形状、表面材料等影响。测量精度越高，感知信息越可靠。测量精度要求在 ±10cm 以内。

（3）探测角度

探测角度如图 3-24 所示。

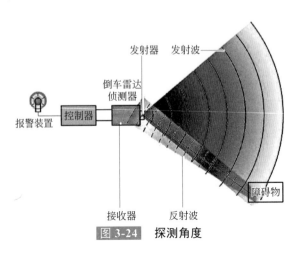

图 3-24 探测角度

（4）工作频率

发射频率要求是（40±2）kHz，这样传感器方向性尖锐，且避开了噪声，提高了信噪比。

9 超声波雷达有哪些应用？

常见的超声波雷达有两种：驻车辅助传感器（UPA）、泊车辅助传感器（APA）。

驻车辅助传感器安装在汽车前后保险杠上，也就是用于测量汽车前后障碍物的倒车雷达，这种雷达业内称为 UPA；泊车辅助传感器安装在汽车侧面，是用于测量侧方障碍物距离的超声波雷达，业内称为 APA。

UPA 和 APA 的探测范围及探测区域都不相同，如图 3-25 所示，图中的汽车配备了前后向共 8 个 UPA，左右侧共 4 个 APA。

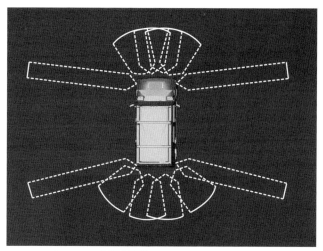

图 3-25 UPA 和 APA

UPA 的探测距离一般为 15 ～ 250cm，主要用于测量汽车前后方的障碍物，如图 3-26 所示。

图 3-26　单个 UPA 的探测范围示意

APA 的探测距离一般为 30 ～ 500cm。APA 的探测范围更远，因此相比于 UPA 成本更高，功率也更大，如图 3-27 所示。

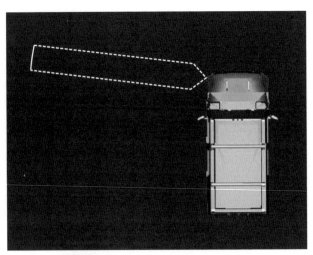

图 3-27　单个 APA 的探测范围示意

超声波雷达的应用——自动泊车辅助系统，SAEL2 级（图 3-28）。

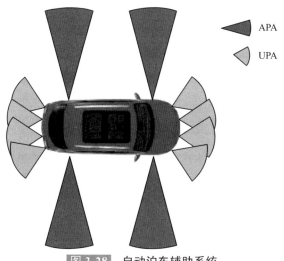

APA

UPA

图 3-28　自动泊车辅助系统

10　什么是毫米波雷达?

毫米波是指波长为 1 ～ 10mm 的电磁波,对应的频率范围为 30 ～ 300GHz。毫米波雷达(图 3-29)是工作在毫米波频段的雷达,它通过发射与接收高频电磁波来探测目标,后端信号处理模块利用回波信号计算出目标的距离、速度和角度等信息。

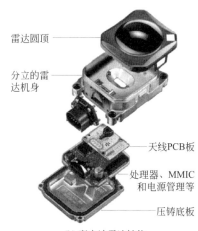

雷达圆顶

分立的雷达机身

天线PCB板

处理器、MMIC和电源管理等

压铸底板

(a) 毫米波雷达

(b) 毫米波雷达结构

图 3-29　毫米波雷达

（1）毫米波雷达的优点

❶ 探测距离远，可达 200m 以上。

❷ 探测性能好，金属电磁反射强，其探测不受颜色与温度的影响。

❸ 响应速度快，传播速度与光速一样，可以快速地测量出目标的距离、速度和角度等信息。

❹ 适应能力强。毫米波具有很强的穿透能力，在雨、雪、大雾等恶劣天气下依然可以正常工作。

❺ 抗干扰能力强，一般工作在高频段，而周围噪声和干扰处于中低频区，基本上不会影响毫米波雷达的正常运行。

（2）毫米波雷达的缺点

❶ 毫米波雷达利用目标对电磁波的反射来发现并测定目标位置，而充满杂波的外部环境给毫米波雷达感知经常带来虚警问题。

❷ 覆盖区域呈扇形，有盲点区域。

❸ 无法识别交通标志和交通信号灯。

❹ 无法识别道路标线。

毫米波雷达是怎样工作的？

在工作状态时，发射模块通过天线将电信号（电能）转化为电磁波发出；接收模块接收到射频信号后，将射频电信号转换为低频信号；再由信号处理模块从信号中获取距离、速度和角度等信息。毫米波雷达的组成如图 3-30 所示。

雷达为利用无线电回波以探测目标方向和距离的一种装置，利用无线电进行探向与测距。毫米波是指工作在毫米波波段，波长为 1 ～ 10mm 的电磁波。毫米波雷达基于多普勒效应原理。当发射的电磁波和被探测目标有相对移动时，回波的频率会和发射波的频率不同。当目标向雷达天线靠近时，反射信号频率将高于发射模块频率；反之，当目标远离天线而去时，反射信号频率将低于发射模块频率（图 3-31）。

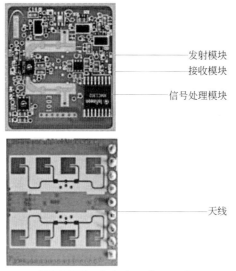

发射模块
接收模块
信号处理模块

天线

图 3-30 毫米波雷达的组成

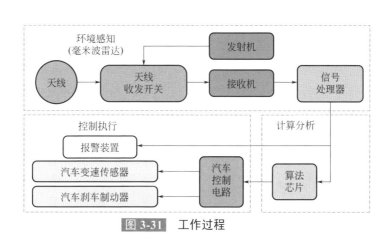

图 3-31 工作过程

多普勒效应所形成的频率变化被称作多普勒频移，它与相对速度 v 成正比，与振动的频率成反比。如此，通过检测这个频率差，可以测得目标相对于雷达的移动速度，也就是目标与雷达的相对速度。

根据脉冲发射和接收的时间差，可以测出目标的距离。同时用频率过滤方法检测目标的多普勒频率谱线，滤除干扰杂波的谱线，可使雷达从强杂波中分辨出目标信号。所以脉冲多普勒雷达比普通雷达的抗杂波干扰能力强，能探测出隐蔽在背景中的活动目标。

毫米波雷达的测量原理如图 3-32 所示。毫米波雷达有 24GHz、77GHz 等不同频率，其中 24GHz 毫米波雷达一般被安装在车侧方和后方，用于盲点检测、辅助停车系统等。以车载毫米波雷达为例，雷达收发器通过天线发射毫米波，同时接收反射信号，经 MCU 处理后可以获取 0 ～ 250m 范围内移动物体的特征信息，如平面内相对汽车的距离、速度、角度、运动方向等。同时，毫米波雷达可以通过上述特征信息进行目标追踪、识别分类等，汽车中央处理单元（ECU）还可以结合车身动态信息进行数据融合，综合超声雷达、激光雷达、视觉图像等多方面信息做出决策，如告知或警告驾驶员及时对汽车做出主动干预，避免事故发生。

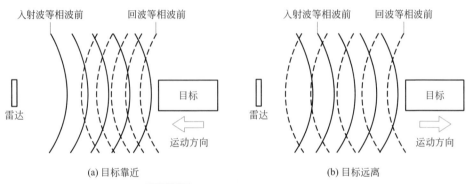

(a) 目标靠近   (b) 目标远离

图 3-32 毫米波雷达的测量原理

 毫米波雷达有哪些应用？

（1）毫米波雷达的类型

近距离（SRR）毫米波雷达一般探测距离小于 60m。

中距离（MRR）毫米波雷达一般探测距离为 100m 左右。

远距离（LRR）毫米波雷达探测距离一般大于 200m。

划分有 24GHz、60GHz、77GHz 和 79GHz 毫米波雷达，主流可用频段为 24GHz 和 77GHz。24GHz 毫米波雷达的距离分辨率为 75cm，而 77GHz 毫米波雷达则提高到 4cm，可以更好地探测多个彼此靠近的目标（图 3-33）。

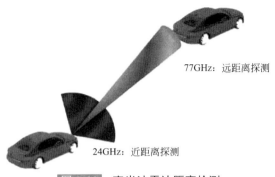

77GHz：远距离探测

24GHz：近距离探测

图 3-33 毫米波雷达距离检测

（2）毫米波雷达的应用（表3-1）

表 3-1   毫米波雷达的应用

项目		毫米波雷达类型		
		短程雷达（SRR）	中程雷达（MRR）	远程雷达（LRR）
工作频段 /GHz		24	77	77
探测距离 /m		＜ 60	约 100	＞ 200
功能	自适应巡航控制系统		前方	前方
	前向碰撞预警系统		前方	前方
	自动制动辅助系统		前方	前方
	盲区监测系统	侧方	侧方	
	自动泊车辅助系统	前方、后方	侧方	
	变道辅助系统	后方	后方	
	后向碰撞预警系统	后方	后方	
	行人检测系统	前方	前方	
	驻车开门辅助系统	侧方		

 13 # 如何对毫米波雷达进行标定？

（1）测试环境要求

由于毫米波多径效应和目标体效应的影响，毫米波雷达的测试环境应满足一定的场地设计要求，包括静态测试环境（图 3-34）和路测环境两种。

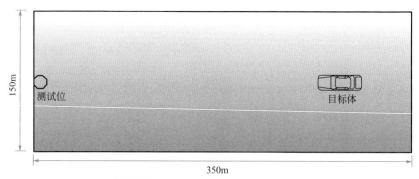

150m

测试位

目标体

350m

图 3-34　静态测试环境的场地布置

静态测试是指将毫米波雷达固定在指定位置，在测试台架上完成的测试，主要完成目标特性及雷达基本功能的检测任务，分为非干扰测试环境和干扰测试环境。静态干扰测试环境的场地布置如图 3-35 所示。

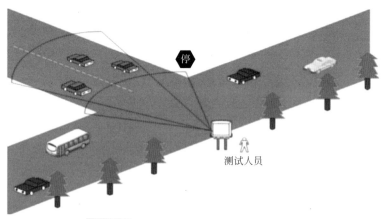

停

测试人员

图 3-35　静态干扰测试环境的场地布置

非干扰测试环境要求目标背景干净，应选择空旷环境或在微波暗室内进行。

❶ 毫米波雷达的技术指标要求为短距模式（FOV±60°）最远距离 70m，长距模式（FOV±9°）最远作用距离 250m。

❷ 被测目标背景环境应尽量干净，避免金属反射体、建筑体、行人等噪点进入测试环境。

❸ 安装台上雷达的地面绝对高度控制在 0.8 ～ 1m。地面平整，无坡度，以砂石、水泥或低矮草地为主。

干扰测试环境是为了模拟车体运动状态下真实单帧反射特征和停车状态下目标的前景和背景信息所采用的一种测试手段。

❶ 测试环境可按实际选择。

❷ 安装台上雷达的地面绝对高度控制在 0.8 ～ 1m。

路测环境要求充分模拟实车行驶的道路环境。

❶ 模拟动态测试和随机测试的车体运动状态下的雷达回波信息及算法稳健性和功能完善性的测试。

❷ 要求从用户实际使用的角度出发，通过实车路试的方式，在充分考虑各种测试场景的基础上完成的检测任务，记录测试信息。

（2）安装校准

首先需要找到雷达安装载体（三脚架或车辆，后同）纵向对称平面（图 3-36）。

图 3-36　雷达安装角度示意

α—横摆角；β—俯仰角；γ—水平角

在安装毫米波雷达时需要确保其水平角、横摆角和俯仰角均＜0.5°。水平角和俯仰角可以通过角度尺和重锤等工具进行测量，并通过安装雷达调整机构来满足雷达安装的角度要求（图 3-37）。

图 3-37　安装雷达调整机构

14 什么是激光雷达？

激光雷达（图 3-38）是工作在光波频段的雷达，它利用光波频段的电磁波先向目标发射探测信号，然后将其接收到的同波信号与发射信号相比较，从而获得目标的位置（距离、方位和高度）、运动状态（速度、姿态）等信息，实现对目标的探测、跟踪和识别。

图 3-38　激光雷达

激光雷达的主要特点如下。

❶ 探测范围广：可达 300m 以上。

❷ 分辨率高：距离分辨率可达 0.1m；速度分辨率能达到 10m/s 以内；角度分辨率不低于 0.1rad。

❸ 信息量丰富：探测目标的距离、角度、反射强度、速度等信息，生成目标多维度图像。

❹ 可全天候工作：不依赖于外界条件或目标本身的辐射特性。

与毫米波雷达相比，产品体积大，成本高，但是不能识别交通标志和交通信号灯。

15 激光雷达是怎样工作的？

激光雷达一般由发射模块、接收模块、扫描模块和控制模块四大部分构成。

❶ 发射模块：激光器、发射光学系统。

❷ 接收模块：接收光学系统、光学滤光装置、光电探测器。

❸ 扫描模块：改变激光束的空间投射方向，由电机、微型谐振镜、相控阵等形式实现。

❹ 控制模块：完成对激光发射模块、接收模块和扫描模块的控制，以及激光雷达数据的处理和外界系统的数据传输。

机构式激光雷达的结构如图 3-39 所示。

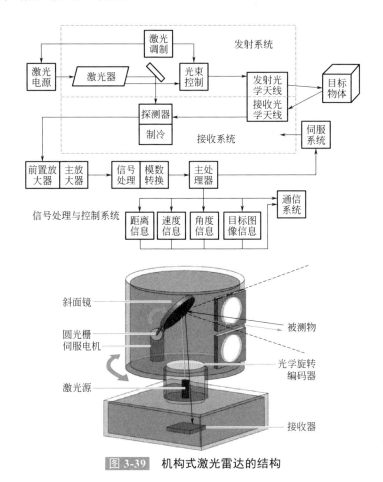

图 3-39　机构式激光雷达的结构

激光雷达的工作原理（图 3-40）就是蝙蝠测距用的回波时间（Time of Flight，TOF）测量方法。光速为每秒 30 万千米，要区分目标厘米级别的精确距离，则对传输时间测量分辨率必须做到 1ns。激光雷达通过光脉冲发射、反射和接收来探测物体，当激光光束遇到物体后，经过漫反射，返回至激光接收器，雷达模块根据发送和接收信号的时间间隔乘以光速，再除以2，即可计算出发射器与物体的距离，但光束无法探测到被遮挡的物体。

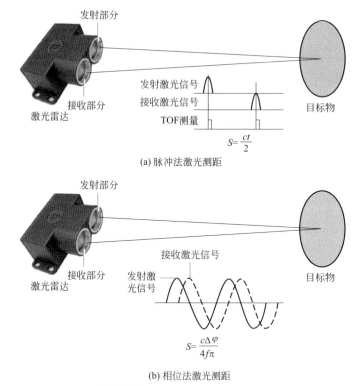

(a) 脉冲法激光测距

(b) 相位法激光测距

图 3-40　激光雷达的工作原理

c—光在空气中传播的速度，$c = 3×10^8 m/s$；t—光脉冲从发射到接收的时间；$\Delta\varphi$—发射波和返回波之间的相位差；f—正弦波频率

 激光雷达有哪些类型？

❶ 机械激光雷达。带有控制激光发射角度的旋转部件。探测距离为 0.3～200m，水平视场角为360°，垂直视场角为 -16°～7°，线束1～6相邻两条线之间的垂直角分辨率为1°，线束6～30相邻两条线之间的垂直角分辨

率为 0.33°，线束 30 ～ 40 相邻两条线之间的垂直角分辨率为 1°（图 3-41）。

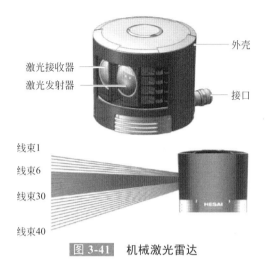

图 3-41　机械激光雷达

❷ 固态激光雷达（图 3-42）。依靠电子部件来控制激光的发射角度，无须机械旋转部件，故尺寸较小，可安装于车体内。激光雷达公司 Quanergy 在 2016 年发布的号称全球首款的固态激光雷达 S3，可以达到厘米级精度，30Hz 扫描频率，0.1°的角分辨率。

图 3-42　固态激光雷达

❸ 混合固态激光雷达（图 3-43）。没有大体积旋转结构，采用固定激光光源，通过内部玻璃片旋转的方式改变激光光束方向，实现多角度检测的需要，并且采用嵌入式安装。

❹ 单线束激光雷达，2D 数据，只能测量距离。多线束激光雷达：4 线束、

8 线束、16 线束、32 线束、64 线束、128 线束等，其细分可分为 2.5D 激光雷达及 3D 激光雷达。2.5D 激光雷达垂直视野范围一般不超过 10°，3D 激光雷达可达到 30°甚至 40°以上。

(a) 32线混合固态Ultra Puck Auto　　　　(b) 16线机械式VLP-16

图 3-43　混合固态激光雷达

 激光雷达有哪些应用？

少线束激光雷达主要用于智能网联汽车 ADAS，奥迪 A8L 安装的 4 线束激光雷达，可用于自适应巡航控制系统、车道偏离预警系统、自动紧急制动系统、交通拥堵辅助系统等（图 3-44）。

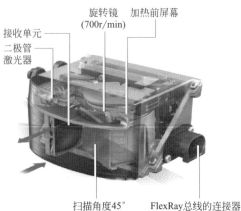

(a) 激光雷达外观　　　　　　　　(b) 激光雷达结构

图 3-44　奥迪 A8L 安装的 4 线束激光雷达

多线束激光雷达具有高精度电子地图和定位、障碍物识别、可通行空间检测、障碍物轨迹预测等功能。L4级和L5级使用多线束激光雷达，360°发射激光，从而达到360°扫描，获取车辆周围行驶区域的三维点云，通过比较连续感知的点云和物体的差异检测其运动，由此创建一定范围内的3D地图（图3-45）。

图 3-45　多线束激光雷达应用

❶ 高精度电子地图（图3-46）。

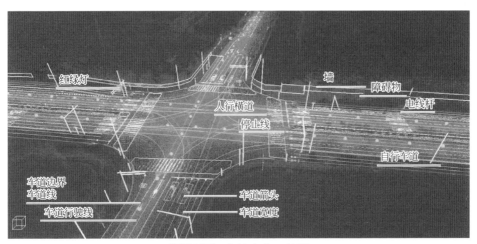

图 3-46　高精度电子地图

❷ 障碍物检测与识别（图3-47）。

❸ 可行空间检测（图3-48）。

图 3-47　障碍物检测与识别

图 3-48　可行空间检测

④ 精准定位和路径跟踪（图 3-49）必须依靠激光雷达和高精度地图等。

图 3-49　精准定位和路径跟踪

如何对激光雷达进行标定？

激光雷达与车体为刚性连接，两者间的相对姿态和位移固定不变，为了建立各个激光雷达之间的相对坐标关系，需要对激光雷达的安装进行简单的标定，并使激光雷达数据从激光雷达坐标统一转换至车体坐标上。

❶ 激光雷达标定的目的是求解激光雷达测量坐标系相对于其他测量坐标系的变换关系，以便获取障碍物相对本车的距离、速度、角度等信息。

❷ 以单线激光雷达为例，选定车体坐标 X 轴作为激光雷达扫描角度为零时车体的指向，Z 轴指向车体上方，XYZ 轴构成右手系，激光雷达所有的扫描点在同一个几何平面 S 上，将扫描点 P 投影到坐标面和坐标轴（图3-50）。

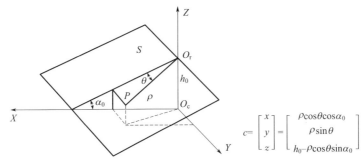

$$c = \begin{bmatrix} x \\ y \\ z \end{bmatrix} = \begin{bmatrix} \rho\cos\theta\cos\alpha_0 \\ \rho\sin\theta \\ h_0 - \rho\cos\theta\sin\alpha_0 \end{bmatrix}$$

扫描点 P 在车体坐标系中的坐标：ρ 是扫描点到激光雷达的距离；θ 是扫描角度；α_0 是安装俯角；h_0 是安装高度

图3-50 单线激光雷达模型

如何对激光雷达进行测试？

在车载激光雷达的评测中，需要针对测试指标构建车用激光雷达测试场景，建立标定场、控制点和检测点，通过设置标靶，结合已有的高精度、高置信度测试仪器进行激光雷达标定，通过控制点进行测评指标精度分析，结合检测点进行指标精度对比分析，最后形成指标参数精度的置信描述。

比较重要的激光雷达测评参数包括：

❶ 最大测距为最初看到采样目标的距离；

❷ 检测距离为检测到有效目标时的距离；

❸ 分类距离为能够将车辆等目标与其他物体分离出来的距离；

❹ 最佳分类距离为能够将目标的形状识别出来的最佳距离。

第四章
智能汽车车载网络与通信技术

 智能汽车车载网络是怎样构成的？

❶ 以车内总线通信为基础的车载网络。

❷ 以短距离无线通信为基础的车载自组织网络。

❸ 以远距离无线通信为基础的车载移动互联网络。

智能网联汽车的网络构成如图 4-1 所示。

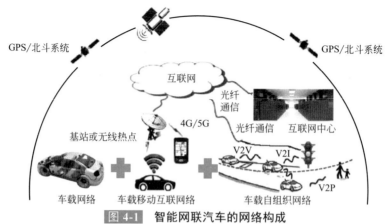

图 4-1 智能网联汽车的网络构成

 # 车载网络有哪些类型？

❶ A 类低速网络。传输速率一般小于 10kbit/s，主流协议是 LIN（局域互联网络），主要用于电动门窗、电动座椅、照明系统等。

❷ B 类中速网络。传输速率为 10 ～ 125kbit/s，对实时性要求不太高，主要面向独立模块之间数据共享的中速网络；主流协议是低速 CAN（控制器局域网络），主要用于故障诊断、空调、仪表显示。

❸ C 类高速网络。传输速率为 125 ～ 1000kbit/s，对实时性要求高，主要面向高速、实时闭环控制的多路传输网；主流协议是高速 CAN、FlexRay 等，主要用于发动机控制、ABS、ASR、ESP、悬架控制等。

❹ D 类多媒体网络。传输速率为 250kbit/s ～ 100Mbit/s，网络协议主要有 MOST、以太网、蓝牙、ZigBee 技术等，主要用于要求传输效率较高的多媒体系统、导航系统等。

❺ E 类安全网络。传输速率为 10Mbit/s，主要面向汽车安全系统的网络。

车载网络如图 4-2 所示。

车载网络按照协议划分为 CAN、LIN、FlexRay、MOST、以太网等总线技术（图 4-3）。

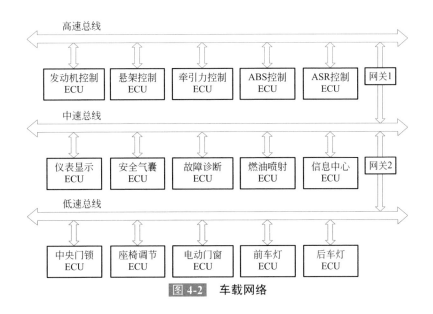

图 4-2 车载网络

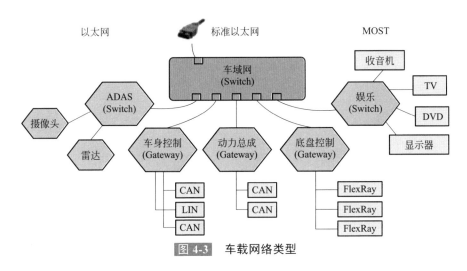

图 4-3 车载网络类型

 什么是 V2X 通信技术？

V2X（Vehicle to Everything）技术又称为车用无线通信技术（图 4-4），本质上是一种物联网技术，V 代表的是车辆，X 代表的是道路、人、车、设备等一切可以连接的设备。

V2X 的本质就是通过道路、行人、车辆间的协调实现整个道路运输的智能化。比如前面有车要并线，前车可以发一个指令给基站，基站再通知后方的车辆。比如有个人要过马路，可以提前通过手机发指令，要求即将同行的车辆注意避让。诸如此类的协同需要车辆生产商、通信设备厂商、运营服务商的通力配合，是一个庞大的产业链协调分工，需要国家有相关标准推动。

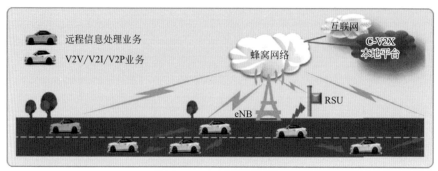

图 4-4　**V2X 通信技术**

V2X 的各个场景包括：车与车之间（Vehicle to Vehicle，V2V）、车与路侧基础设施之间（Vehicle to Infrastructure，V2I）、车与人之间（Vehicle to Pedestrian，V2P）、车与网络之间（Vehicle to Network，V2N）的交互。

❶ V2V。V2V 是最经典的场景，指的是道路上车辆之间的通信。典型的就是前方车辆并线，后方车辆避让（图 4-5）。

图 4-5　**V2V 场景**

❷ V2I。V2I 是指车载设备与路侧基础设施（如红绿灯、交通摄像头、路

侧单元等）进行通信，路侧基础设施也可以获取附近区域车辆的信息并发布各种实时信息。V2I通信主要应用于实时信息服务、车辆监控管理、不停车收费等。

❸ V2P。V2P是指弱势交通群体（包括行人、骑行者等）使用用户设备（如手机、笔记本电脑等）与车载设备进行通信。V2P通信主要应用于避免或减少交通事故、信息服务等。

❹ V2N。V2N是指车载设备通过接入网/核心网与云平台连接，云平台与车辆之间进行数据交互，并对获取的数据进行存储和处理，提供车辆所需要的各类应用服务。V2N通信主要应用于车辆导航、车辆远程监控、紧急救援、信息娱乐服务等。

蜂窝（Cellular）是负责解决设备间通信的关键技术，目前在国内主推的是我国主导的LTE-V2X和5G-V2X，从技术角度讲，LTE-V2X可以支持向5G-V2X平滑迁移。

V2X比较核心的技术是如何解决通信问题。如果两辆时速200km的车背向行驶，若想有效解决这两辆车之间的通信问题，需要解决高多普勒频率扩展问题以及信道时变问题。

V2X场景分类如图4-6所示。目前来看，V2X问题的关键是需要一个标准，

图 4-6 V2X 场景分类

比如上下行数据传输的性能标准是什么、可靠性标准是什么、如何构建业务仿真环境。目前国内大概有一个初步意见，就是消息发送的频率为 10Hz，通信的时延为 100ms，通信的距离为 150m 或 300m。

什么是车载蓝牙技术？

车载蓝牙（Bluetooth）是以无线蓝牙技术为基础而设计研发的车内无线免提系统。主要功能为在车辆正常行驶中用蓝牙技术与手机连接进行免提通话，以达到解放双手、降低交通肇事隐患的目的（图 4-7）。蓝牙技术的特点如下：

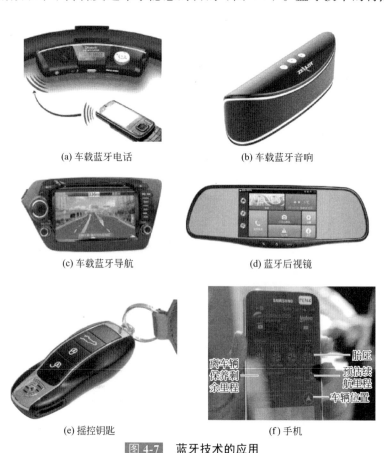

(a) 车载蓝牙电话

(b) 车载蓝牙音响

(c) 车载蓝牙导航

(d) 蓝牙后视镜

(e) 摇控钥匙

(f) 手机

离车辆保养剩余里程

胎压
预估续航里程
车辆位置

图 4-7　蓝牙技术的应用

❶ 全球范围适用，蓝牙工作在 2.4GHz 的 ISM 频段；

❷ 通信距离为 0.1 ～ 10m，发射功率为 100mW 时可以达到 100m；

❸ 同时可传输语音和数据；

❹ 可以建立临时性的对等连接；

❺ 抗干扰能力强；

❻ 蓝牙模块体积很小，便于集成；

❼ 功耗低；

❽ 接口标准开放；

❾ 成本低。

 什么是射频识别技术？

射频识别（RFID）技术也称为电子标签，是一种无线通信技术，可以通过无线电信号识别特定目标并读写相关数据，而无须识别系统与特定目标之间建立机械或者光学接触，所以它是一种非接触式的自动识别技术。射频识别系统主要由电子标签、读写器和天线等部分组成。

（1）射频识别技术的工作原理（图4-8）

标签进入阅读器后，接收阅读器发出的射频信号，凭借感应电流所获得的能量发送出存储在芯片中的产品信息（Passive Tag，无源标签或被动标签），或者由标签主动发送某一频率的信号（Active Tag，有源标签或主动标签），阅读器读取信息并解码后，送至中央信息系统进行有关数据处理。

图 4-8 射频识别技术的工作原理

（2）射频识别技术的应用（图4-9）

❶ 用于交通信息的采集，如采集机动车流量、车辆平均车速、道路拥堵状况。

❷ 智能交通控制，如交通信号优化控制、公交信号优化控制、特定区域出入管理。

❸ 违章、违法行为检测。与视频监控、视频抓拍系统配合，通过 RFID 射频识别设备对过往车辆进行检测、抓拍和身份判别。

❹ 电子不停车收费系统、无钥匙系统、汽车防伪查询等。

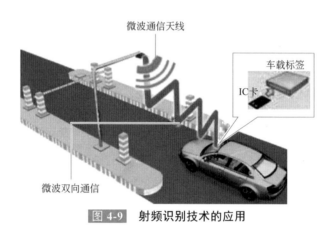

图 4-9 射频识别技术的应用

 # 什么是 DSRC？

DSRC 即 Dedicated Short Range Communications（专用短程通信技术）。DSRC 是一种高效的无线通信技术，它可以实现特定小区域内（通常为数十米）对高速运动下的移动目标的识别和双向通信，例如车辆的"车 - 路""车 - 车"双向通信，实时传输图像、语音和数据信息，将车辆和道路进行有机连线（图4-10）。

在 ETC 系统中，OBU 采用 DSRC，建立与 RSU 之间微波通信链路，在车辆行进途中，在不停车的情况下，实现车辆身份识别，电子扣费，以及不停车、免取卡，建立无人值守车辆通道。在高速公路收费或者在车场管理中，都采用 DSRC 实现不停车快速车道。自 2013 年开始，所有的军车都安装 OBU，通过 DSRC 实现车辆身份识别（图 4-11）。

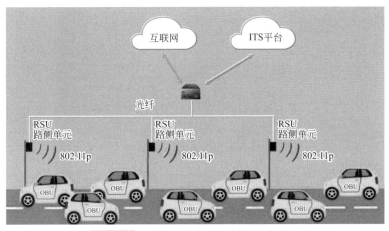

图 4-10　DSRC（专用短程通信技术）

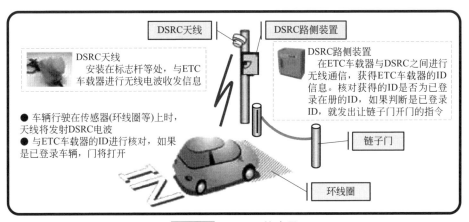

图 4-11　DSRC 的应用

 ## 7　什么是 LTE-V 通信技术？

LTE-V 是我国具有自主知识产权的 V2X 技术，是按照全球统一规定的体系架构及其通信协议和数据交互标准，在车辆与车辆（V2V）、车辆与基础设施（V2I）、车辆与行人（V2P）之间组网，构建数据共享交互桥梁，助力实现智能化的动态信息服务、车辆安全驾驶、交通管控等（图 4-12）。

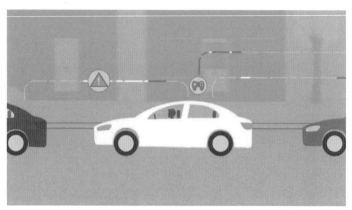

图 4-12　LTE-V 通信技术

LTE-V 通信系统由用户终端、路侧单元（RSU）和基站三部分组成，定义了两种通信方式，即蜂窝链路式和短程直通链路式（图 4-13）。

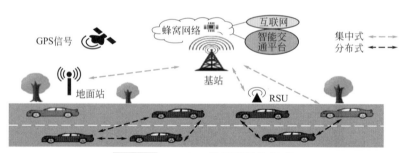

图 4-13　LTE-V 通信系统的组成

8　什么是 5G 通信技术？

第五代移动通信技术（5th Generation Mobile Communication Technology，简称 5G）是具有高速率、低时延和大容量特点的新一代宽带移动通信技术，5G 通信设施是实现人、机、物互联的网络基础设施。5G 是 4G 的延伸，是对现有无线接入技术（包括 3G、4G 和 Wi-Fi）的技术演进，以及一些新增的补充性无线接入技术集成后解决方案的总称（图 4-14）。

图 4-14　5G 通信技术

5G 通信技术主要有以下特点。

❶ 高速度。对于 5G 的基站峰值要求不低于 20Gbit/s，高速度给未来对速度有很高要求的业务提供了机会和可能。

❷ 泛在网。泛在网有两个层面的含义，一是广泛覆盖，二是纵深覆盖。

❸ 低功耗。5G 要支持大规模物联网应用，就必须要有功耗的要求。如果能把功耗降下来，让大部分物联网产品一周充一次电，甚至一个月充一次电，就能大大改善用户体验，促进物联网产品的快速普及。

❹ 低时延。5G 时延降低到 1ms。

❺ 万物互联。5G 时代，终端不是按人来定义的，因为每人可能拥有数个、每个家庭可能拥有数个终端。通信业对 5G 的愿景是每一平方千米，可以支撑100 万个移动终端。

❻ 重构安全。在 5G 基础上建立的是智能互联网，智能互联网不仅要实现信息传输，还要建立起一个社会和生活的新机制与新体系。智能互联网的基本精神是安全、管理高效、方便，这就需要重新构建安全体系。

5G 车联网助力汽车、交通应用服务的智能化升级。5G 网络的大带宽、低时延等特性，支持实现车载 VR 视频通话、实景导航等实时业务。借助于车联网 C-V2X（包含直连通信和 5G 网络通信）的低时延、高可靠和广播传输特性，车辆可实时对外广播自身定位、运行状态等基本安全消息，交通灯或电子标志标识等可广播交通管理与指示信息，支持实现路口碰撞预警、红绿灯诱导通行等应用，显著提升车辆行驶安全和出行效率，后续还将支持实现更高等级、复杂场景的自动驾驶服务，如远程遥控驾驶、车辆编队行驶等。5G 网络可支持港口岸桥区的自动远程控制、装卸区的自动码货以及港区的车辆无人驾驶应用，显著降低自动导引运输车控制信号的时延以保障无线通信质量与作业可靠性，可使智能理货数据传输系统实现全天候、全流程的实时在线监控（图 4-15）。

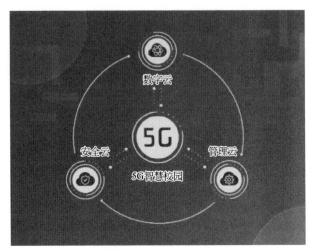

图 4-15　5G 通信升级

第五章
智能汽车导航定位技术

 什么是导航定位？

导航定位负责实时提供智能网联汽车的运动信息，包括位置、速度、姿态、加速度、角速度等，一般采用的是多传感器融合定位的方式（图5-1）。智能网联汽车的导航定位通过全球卫星定位系统（GPS）、北斗卫星导航定位系统（BDS）等，获取车辆的位置和航向信息。

❶ 绝对定位是指通过GPS或BDS实现，采用双天线，通过卫星获得车辆在地球上的绝对位置和航向信息。

❷ 相对定位是指根据车辆的初始位姿，通过惯性导航获得车辆的加速度和角加速度信息，将其对时间进行积分，得到相对初始位姿的当前位姿信息。

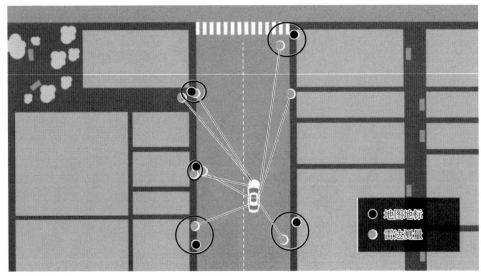

图 5-1 导航定位

③ 组合定位是将绝对定位和相对定位进行结合，以弥补单一定位方式的不足。L1 和 L2 级，仅需要实现 ADAS，导航级精度即可。L3 ～ L5 级，实现自动驾驶，需要厘米级精度导航。

智能网联汽车的导航定位技术主要有全球卫星定位系统（GPS）、北斗卫星导航定位系统（BDS）、惯性导航系统（INS）、通信基站定位、视觉 SLAM 定位、激光 SLAM 定位和高精度地图定位等。

2 全球导航卫星系统有哪些类型？

全球导航卫星系统主要有美国的全球定位系统（GPS）、中国的北斗卫星导航定位系统（BDS）、俄罗斯的格洛纳斯（GLONASS）卫星定位系统以及欧洲空间局的伽利略（GALILEO）卫星定位系统（图 5-2）。

美国的全球定位系统　　俄罗斯的格洛纳斯　　中国的北斗卫星　　欧洲空间局的伽利略
　　　　　　　　　　　卫星定位系统　　　　导航定位系统　　　卫星定位系统

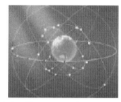

图 5-2　全球导航卫星系统

3　什么是全球卫星定位系统？

全球卫星定位系统（GPS）是由美国国防部建设的基于卫星的无线电导航定位系统。它能连续为世界各地的陆海空用户提供精确的位置、速度和时间信息，最大优势是覆盖全球，全天候工作，可以为高动态、高精度平台服务，目前得到普遍应用（图 5-3）。

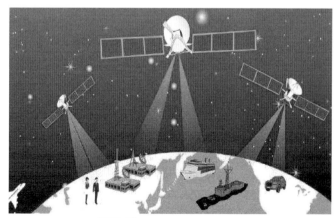

图 5-3　全球卫星定位系统

全球卫星定位系统由卫星、地面监控设备、GPS 用户组成。

① 卫星。大约有 30 颗 GPS 卫星在高度约为 2 万千米的太空中运行。

② 地面监控设备。分散在世界各地，用于监视和控制卫星，其主要目的是让系统保持运行，并验证 GPS 广播信号的精确度。

③ GPS 用户。由 GPS 接收机和 GPS 数据处理软件组成。

什么是差分全球卫星定位系统？

差分全球定位系统（DGPS）是在 GPS 的基础上利用差分技术使用户能够从 GPS 系统中获得更高的精度，它由基准站、数据传输设备和移动站组成（图 5-4）。

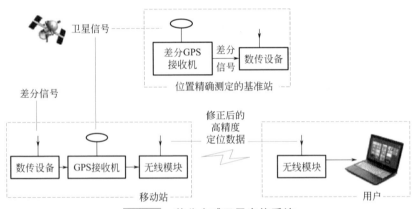

图 5-4　差分全球卫星定位系统

差分全球卫星定位系统的位置分差。

① 安装在基准站上的 GPS 接收机观测 4 颗卫星后便可进行三维定位，解算出基准站的观测坐标。

② 由于存在着轨道误差、时钟误差、大气影响、多径效应以及其他误差等，解算出的观测坐标与基准站的已知坐标是不一样的，存在误差。

③ 将已知坐标与观测坐标之差作为位置改正数，通过基准站的数据传输设备发送出去，由移动站接收，并且对其解算的移动站坐标进行改正。

④ 位置差分法适用于用户与基准站间距离在 100km 以内的情况。

什么是 GPS/DR 组合导航定位系统？

车辆航位推算（DR）方法是一种常用的自主式车辆定位技术，它不用发射和接收信号，不受电磁波影响，机动灵活，只要车辆能达到的地方都能定位。DR 是利用载体上某一时刻的位置，根据航向和速度信息，推算得到当前时刻的位置，即根据实测的汽车行驶距离和航向计算其位置和行驶轨迹。它一般不受外界环境影响，但由于其本身误差是随时间积累的，单独工作时不能长时间保持高精度。

GPS/DR 组合导航定位系统由 GPS、电子罗盘、里程计和导航计算机等组成（图 5-5）。

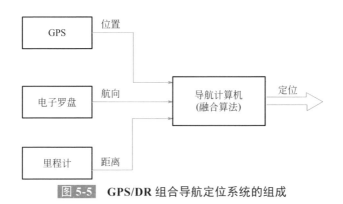

图 5-5 **GPS/DR 组合导航定位系统的组成**

 # 什么是北斗卫星导航定位系统？

北斗卫星导航定位系统（BDS）是由中国自行研制开发的区域性有源三维卫星定位与通信系统，是继美国的 GPS、俄罗斯的 GLONASS 之后第三个成熟的卫星导航定位系统。北斗卫星导航定位系统致力于向全球用户提供高质量的定位、导航和授时服务，其建设与发展则遵循开放性、自主性、兼容性、渐进性这 4 项原则（图 5-6）。

图 5-6　北斗卫星导航定位系统

　　北斗卫星导航系统由空间段、地面段和用户段三部分组成，可在全球范围内全天候、全天时为各类用户提供高精度、高可靠定位、导航、授时服务，并且具备短报文通信能力，已经初步具备区域导航、定位和授时能力，定位精度为分米、厘米级别，测速精度为 0.2m/s，授时精度为 10ns（图 5-7）。

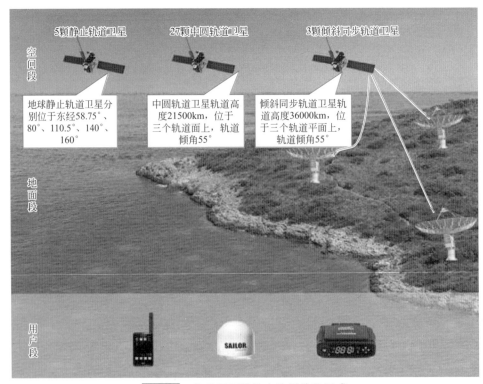

图 5-7　北斗卫星导航定位系统的组成

北斗卫星导航定位系统的主要特点如下。

❶ 空间段采用三种轨道卫星组成的混合系统，与其他卫星导航系统相比，高轨卫星更多，抗遮挡能力强，尤其在低纬度地区性能优势更为明显。

❷ 提供多个频点的导航信号，能够通过多频信号组合使用等方式提高服务精度。

❸ 创新融合了导航与通信功能，具备定位导航授时、星基增强、地基增强、精密单点定位、短报文通信和国际搜救等多种服务能力。

7　什么是惯性导航系统？

惯性导航系统（INS）是一种利用惯性传感器测量载体的角速度信息，并结合给定的初始条件实时推算速度、位置、姿态等参数的自主式导航系统。具体来说，惯性导航系统属于一种推算导航方式，即从一个已知点的位置根据连续测得的运动载体航向角和速度推算出其下一点的位置，因而可连续测出运动体的当前位置。惯性导航系统一般采用加速度传感器和陀螺仪传感器来测量载体参数（图5-8）。

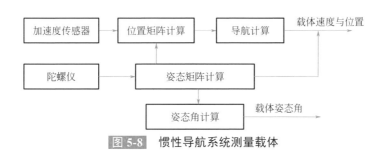

图 5-8　惯性导航系统测量载体

加速度传感器和陀螺仪结合是就是惯性测量单元（IMU），一个解决速度，一个解决方向（图5-9）。IMU的一个重要特征在于它以高频率更新，其频率可达到1000Hz，所以IMU可以提供接近实时的位置信息。惯性导航系统可以看成是IMU与软件的结合，通过内置的微处理器，能够以最高200Hz的频率输出实时的高精度三维位置、速度、姿态信息。

图 5-9　惯性测量单元

惯性导航系统的作用如下。

❶ 弥补 GPS。在 GPS 信号丢失或者很弱情况下，暂时填补 GPS 留下的空缺，用积分法取得最接近真实的三维高精度定位（图 5-10）。

图 5-10　弥补 GPS

❷ 配合激光雷达。GPS+IMU 为激光雷达的空间位置和脉冲发射姿态提供高精度定位，建立激光雷达云点的三维坐标系（图 5-11）。

图 5-11　激光雷达定位

什么是通信基站定位技术?

基站作为移动通信网络不可缺少的网元,是移动终端与移动网络之间交互的重要组成部分。随着移动通信网络的迅速发展,更多的移动终端接入移动通信网络中,越来越多的基站被建立起来,几乎遍布世界的每一个角落,为终端用户提供通信服务。所以移动通信网络中最基本的定位技术就是基于基站的定位技术。

常用的无线定位技术包括到达角(AOA)定位、到达时间(TOA)定位、到达时间差(TDOA)定位等。

(1)到达角定位

❶ 定义。信号到达角定位技术最初由军方和政府机构共同研发,后来被运用到模拟无线通信中。由于数字移动通信具有信号短和信道共享的特点,因此该技术很难成功用于数字系统。该技术的一般版本叫"小缝隙方向寻找"。它需要在每个蜂窝小区的基站放置4~12组天线阵列,这些天线阵列共同工作,由此确定移动设备传送信号相对基站的角度。当有不少于两个基站都发现了该信号源的角度时,分别从这些基站的角度引出射线,这些射线的交点就是移动目标的位置。

❷ 定位原理。信号到达角定位技术是由两个或更多基站通过测量接收信号的到达角来估计移动用户的位置。接收机通过天线阵列测出电波的入射角,从而构成一根从接收机到发射机的径向连线,即方位线。基站利用接收机天线阵列测出接收到的移动终端发射电波的入射角(信号的方向),构成从接收机(基站)到移动终端的径向连线,即方位线。两根连线的相交点即为移动终端的位置。测量两个基站的到达角就能确定目标移动终端的位置。利用两个或两个以上接收机提供的到达角测量值,按到达角定位算法确定多条方位线的焦点,即为待定位移动终端的估计位置。

❸ 定位精度。当移动终端距离基站较远时,基站定位角度的微小偏差会产生定位距离的较大误差。多径传播和其他环境因素也会严重影响定位精度。在室内环境下,周围的物体或墙体都会阻挡视距(Line of Sight,LOS)信号

路径，因此到达角技术不适合用于低成本的室内定位系统，较适合用于多径影响较小的郊区。

❹ 使用条件。到达角定位法需要在基站处架设昂贵的高精度智慧型天线阵列，在每个小区基站上需放置 4 ～ 12 组的天线阵，且只能从反向链路定位。

（2）到达时间定位

❶ 定义。信号到达时间（Time of Arrival，TOA）定位技术与场强定位技术的定位原理相类似，也是首先获得移动目标到 3 个基站的距离，由此确定的 3 个圆的交点进一步确定了移动目标的位置。不同之处在于 TOA 技术中测量的是移动目标上行信号到大基站的传播时间。由于电波的传播速率是已知的，将传播时间与速率相乘即可直接计算出移动目标与基站的间距。为了精确地测量信号的传播时间，TOA 技术要求移动目标和基站的时间精确同步。

❷ 工作原理。信号到达时间定位方法是通过测量移动终端发出的定位信号（上行链路信号）到达多个基站的传播时间来确定移动终端的位置，该方法至少需要 3 个基站。发射的信号在自由空间中的传播速度为光速，当一个基站检测到一个信号时可以确定其绝对的到达时间。如果同时知道移动终端发射信号的时间，则这两个信号的时间差可以用来估计信号从移动终端到基站经历的时间。经过 3 次（二维空间）或 4 次（三维空间）测量即可确定目标的位置。

❸ 定位精度。TOA 定位技术的定位精度一般优于到达角度定位技术和起源蜂窝小区定位技术，回响时间比起源蜂窝小区定位或增强型观测时间差定位法更长。多径效应也限制了 TOA 定位技术的室内定位。

❹ 使用条件。TOA 定位技术要求接收信号的基站知道信号的开始传输时刻，并要求移动终端和基站的时间精确同步。TOA 定位技术无须改造现有移动终端，但不适用于没有时钟同步的系统（如 GSM）。如果网路能够为基站提供统一的时间参考，就可以套用 TOA 技术的一个变种：到达时间差 TDOA 定位技术。时间参考可通过安装 GPS 设备或在网路中设定时间参考点来提供。

（3）时间差定位

TOA 定位技术不适用于没有时钟同步的系统（如 GSM 和 UMTS TDD），

但只要网路能为基站提供统一的时间参考，还是可以套用 TOA 技术的一个变种：信号到达时间差（TDOA）技术。

❶ 上行链路信号到达时间差（TDOA）方法。上行链路信号到达时间差（TDOA）方法是一种基于移动终端上行信号的传输时间差的定位技术，是 TOA 技术的一个变种，通过计算信号从移动终端到不同基站的传输时间差来获得位置信息。TDOA 技术需要测量的是移动目标上行信号到达不同基站的传播时间差。根据移动目标信号经过不同路径到达两个基站的时间差，可以确定一个双曲线，因此至少需要 3 个基站进行 4 次测量，以便确定两条双曲线，根据双曲线的交点，可以确定移动目标的位置。基站的时间参考点可以通过安装 GPS 设备或在网路中设定时间参考点来实现。

TDOA 在市区提供的定位精度会比起源蜂窝小区定位好一些，但是需要比起源蜂窝小区定位法或增强型观测时间差定位法更长的回响时间。定位业务繁忙时会对网路产生较大的信令负担。信号到达时间差定位技术受多径干扰的影响较大，在 CDMA 网路中使用的精度较高，因为 CDMA 网路本身具有抗多径干扰能力，实测结果可达 55m，有望进一步提高到 10 ~ 20m。

TDOA 技术要求所有参与定位的基站之间必须完全时间同步。但不需知道从移动终端发射的时间，也不需移动终端与基站之间的同步，在夜间环境下性能相对优越。TDOA 技术无需对手机进行修改，因此可以直接向现有用户提供定位服务。在 AMPS、GSM、WCDMA、窄带 CDMA 和 CDMA2000 网路中均可采用 TDOA 方法。由于 TDOA 定位方法精度较高，且只需对其网路端进行修改即可，因此在没有其他适合 WCDMA 网路的新型定位方法出现的情况下，到达时间差 TDOA 定位技术将成为 WCDMA 网路中的主导定位技术。

❷ 下行链路信号到达时间差（EOTD）技术。下行链路信号到达时间差技术又可称为增强型观测时间差（EOTD）定位法，是由移动终端执行测量，观察不同基站信号到达时间差的技术。该技术在不同系统中的名称不同：在 GSM 中称为增强型观测时间差（EOTD）定位法，在 UMTS 中称为到达观测时间差（OTDOA）定位法，在 CDMA2000 中称为高级前向链路三角测量法（AFLT）。

该定位方法是在较广区域内的许多站点上，放置位置测量单元以覆盖无线网路，每个 LMU 都有精确的定时源，为基站提供统一的时间参考，并辅助定位测量来实现定位的。移动终站和位置测量单元接收到来自至少 3 个基站的信号时，从每个基站到达移动终端和位置测量单元的时间差将被计算出来，由此估计出移动终端的位置。位置测量单元和基站的比例至少要保证每个基站都能看到一个位置测量单元。

EOTD 定位法的定位精度比起源蜂窝小区（CELL-ID）定位法高 50 ~ 125m，回响速度约为 5s。EOTD 定位法会受到市区的多径效应的影响，特别是当没有直达路径的情况下，将影响定位精度。当处于郊区时，若移动终端周围基站很少，则该定位方法可能完全失效。

什么是即时定位与地图构建技术？

SLAM 中文译作"即时定位与地图构建"，它是指搭载特定传感器的主体，在没有环境先验信息的情况下，于运动过程中建立环境的模型，同时估计自己的运动。如果传感器为相机，则为"视觉 SLAM"；如果传感器为激光雷达，则为"激光 SLAM"。

（1）视觉 SLAM

视觉 SLAM 又称为 V-SLAM，主要通过摄像头来实现。摄像头种类繁多，主要分为单目、双目、单目结构光、双目结构光、ToF 几大类。基于深度摄像机的 V-SLAM，与激光 SLAM 类似，通过收集到的点云数据，能直接计算障碍物距离；基于单目、鱼眼相机的 V-SLAM 方案，则利用多帧图像来估计自身的位姿变化，再通过累计位姿变化来计算距离物体的距离，并进行定位与地图构建。

（2）激光 SLAM

激光 SLAM 脱胎于早期的基于测距的定位方法（如超声和红外单点测距）。激光 SLAM 的原理是通过激光雷达采集周围环境物体信息呈现出的一系列分散的、具有准确角度和距离信息的点，被称为点云。通常激光 SLAM 系统通过对不同时刻两片点云的匹配与比对，计算激光雷达相对运动的距离和姿态的改变，从而完成对机器人自身的定位。

10 什么是导航电子地图技术？

导航电子地图以 GPS 导航设备为依托，融入计算机技术、地理信息系统（GIS）技术、三维（3D）技术，以数字方式存储和查阅，可进行地理信息定位显示、索引、计算、引导，主要用于路径规划和导航（图 5-12）。

图 5-12 导航电子地图

（1）导航电子地图的作用

❶ 定位显示。

❷ 路径规划。

❸ 路线索引。

❹ 信息查询。

（2）导航电子地图的特点

① 支持导航区域的相对无限性，覆盖范围足够广。

② 高精度，多尺寸。

③ 以路网为主，合理准确地表达空间关系。

④ 支持实时、动态的快速显示。

⑤ 现实性好，更新周期短。

第六章
智能汽车自动驾驶的前瞻技术

 ## 什么是人工智能技术?

　　深度学习(DL)是利用深度神经网络来解决特征表达的一种学习过程。深度学习是机器学习研究中的一个新的领域,其动机在于建立、模拟人脑进行分析学习的神经网络,它模仿人脑的机制来解释数据,如图像、声音、文本(图6-1)。

　　机器学习是一种实现人工智能的方法,深度学习是一种实现机器学习的技术。

　　人工智能(AI)技术的应用(图6-2)如下。

　　❶ 环境感知方面。自动驾驶汽车所要面临的环境感知包括:路面路缘检测、车道线检测、护栏检测、交通标志检测、交通信号灯检测,以及行人检测、车路检测等。

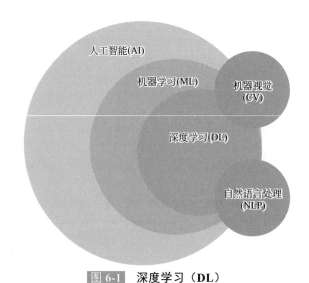

图 6-1　深度学习（DL）

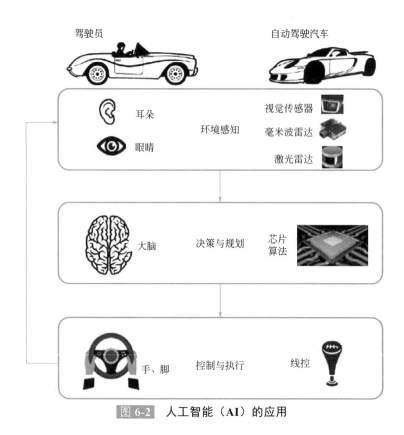

图 6-2　人工智能（AI）的应用

　　对于如此复杂的路况检测和目标检测，普通算法难以满足要求。基于人工智能的深度学习可以满足视觉感知的高精度需求，基于深度学习的计算机视觉，自动驾驶汽车可获得接近于人的感知能力。有研究报告表明，深度学习在算法和样本量足够的前提下，视觉感知的准确率可以达到 99.9% 以上，而人感知的准确率一般是 95%。

❷ 决策与规划方面。行为决策与路径规划是人工智能在自动驾驶汽车领域中的另一个重要应用。目前越来越多的研发机构将强化学习应用到自动驾驶的行为与决策中。

把行为与决策分解成两部分：可学习部分与不可学习部分，可学习部分是由强化学习来决策行驶需要的高级策略，不可学习部分是按照这些策略利用动态规划来实施具体的路径规划。

❸ 车辆控制方面。智能控制方法主要体现在对控制对象模型的运用和综合信息学习运用上，包括神经网络控制和深度学习方法等，这些算法已经逐步在自动驾驶汽车控制中应用。其中，通过神经网络控制可以把控制问题看成模式识别问题，而源于神经网络的研究，进一步开发深度神经网络学习，可以免除人工选取特征的繁复冗杂和高维数据的维度灾难问题。因为自动驾驶系统最终要尽量减少人的参与或者没有人的参与，深度学习自动学习状态特征的能力使得深度学习在自动驾驶系统中具有先天的优势。

什么是深度学习技术？

深度学习是机器学习的一个类型，该类型的模型直接从图像文本或声音中学习执行分类任务。通常使用神经网络架构实现深度学习。"深度"一词是指网络中的层数，层数越多，网络越深。传统的神经网络只包含 2 层或 3 层，而深度网络可能有几百层（图 6-3）。

深度学习技术的应用如图 6-4 ～图 6-7 所示。

自动驾驶汽车要想做出正确的决策，前提就必须要做到完全的感知，目前的自动驾驶技术，识别车前到底是一个行人还是一辆车已经不是什么难题，但如果要判断这是一辆轿车还是一辆 SUV，行人是一个成人还是一个小孩，可能并不是那么容易。要想做到更高等级的识别，就必须借助深度学习技术。

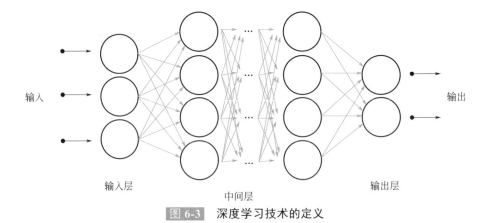

图 6-3　深度学习技术的定义

输入

输入层

中间层

输出

输出层

图 6-4　**V2X** 技术和 **5G** 技术

49.8659

(a) 原始图像

(b) 检测结果

图 6-5　基于深度学习的车辆检测

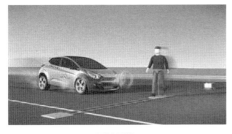
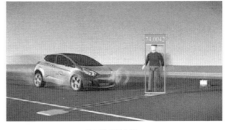

(a) 原始图像　　　　　　　　　　　　　　　(b) 检测结果

图 6-6　基于深度学习的行人检测

(a) 原始图像　　　　　　　　　　　　　　　(b) 检测结果

图 6-7　基于深度学习的交通标志检测

通过深度学习，自动驾驶系统不仅能做到基本的路径识别、行人识别、道路标志识别、信号灯识别、障碍物以及环境识别，还可以实现一些高难度的识别。

使用常规的图像识别方法，如果道路边缘的道牙没有特定的颜色，系统就无法很好地判断出道路的边界，自动驾驶汽车就很有可能会撞击道路边缘。而当使用了深度学习技术之后，图像识别系统就可以很好地区分出哪里是道路，哪里是道路边缘的道牙。

还有一种极端的情况便是如何实现在没有车道线的地方自动驾驶，这时可以用人在没有车道线的路况下开车的数据来训练神经网络，训练好之后，神经网络在没有车道线的时候也能大概判断未来车辆可以怎么开。

基于深度学习的智能语音系统将是智能网联汽车发展的一个重点方向，尽管目前对于深度学习来说，语音识别远不及图像识别的效果好，但是随着时间的推移，未来智能语音系统将可以清楚地分辨出车内不同成员的声音并且针对于他们的习惯来进行相应的设置。这样一来，车内系统无论是实体按键还是虚拟按键都可以取消。

V2X 技术和 5G 技术将实现车联万物。这意味着，只要坐在车内几乎可以控制一切与生活息息相关的事情。而当深度学习技术被发挥到极致的时候，你的车几乎"掌握"你的每一个习惯甚至是每一个想法，并能够去实现。也许在短时间内这样的场景只是畅想，但科技前行的步伐远远超出了人们的想象。深度学习技术的大量运用正是人工智能时代到来的一大标志，而在人工智能时代，汽车的使用必将被完全颠覆。

什么是语义分割技术？

语义分割是将标签或类别与图片的每个像素关联的一种深度学习算法。它用来识别构成可区分类别的像素集合。例如，自动驾驶汽车需要识别车辆、行人、交通信号、人行道和其他道路特征等（图 6-8）。语义分割的一个简单例子就是将图像划分成人和背景。

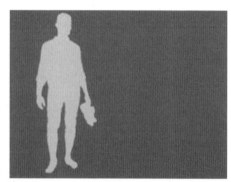

图 6-8　人和背景

（1）语义分割与目标检测的区别

语义分割可以作为对象检测的一种有用替代方法，因为它允许感兴趣对象在像素级别上跨越图像中的多个区域。这种技术可以清楚地检测到形态不规则的对象，相比之下，目标检测要求目标必须位于有边界的方框内

（图 6-9）。

图 6-9　目标检测

（2）语义分割的应用

语义分割提供有关道路上自由空间的信息，以及检测车道标记和交通标志等信息（图 6-10 和图 6-11）。

(a) 原始图像

图 6-10

(b) 分割结果

图 6-10　自动驾驶场景的语义分割

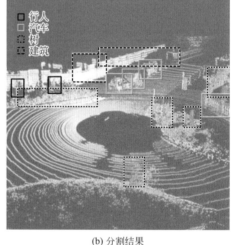

□ 行人
□ 汽车
□ 树
□ 建筑

(a) 激光点云　　　　　　　　　　　　　(b) 分割结果

图 6-11　激光雷达点云的语义分割

4 什么是大数据技术？

　　大数据是指没有办法在可容忍的时间下使用常规软件方法完成存储、管理和处理任务的数据。大数据是需要新处理模式才能具有更强的决策力、洞察发现力和流程优化能力的海量、高增长率和多样化的信息资产。大数据是"未来的新石油"。

自动驾驶汽车每行驶 8h 将产生并消耗约 40TB 的数据，这意味着自动驾驶汽车将至少像依赖石油或电力一样依赖数据。自动驾驶汽车可以通过大数据分析，做出明确、合理的决策，保障汽车安全行驶。随着自动驾驶程度的提高，为自动驾驶提供支持的技术变得更加复杂，这就需要更多的数据。

大数据主要包括大数据采集、大数据预处理、大数据存储、大数据分析。大数据采集是指对各种来源的结构化和非结构化海量数据所进行的采集；大数据预处理指的是在进行数据分析之前，先对采集到的原始数据所进行的诸如"清洗、填补、平滑、合并、规格化、一致性检验"等一系列操作，旨在提高数据质量，为后期分析工作奠定基础；大数据存储是指用存储器以数据库的形式存储采集到的数据的过程；大数据分析是指从可视化分析、数据挖掘算法、预测性分析、语义引擎、数据质量管理等方面，对杂乱无章的数据进行萃取、提炼和分析的过程。

（1）大数据技术的特点

❶ 规模性。数量从 TB 级别跃升到 PB 级别，集中储存 / 集中计算已经无法处理巨大的数据量。

❷ 多样性。数据的种类和来源多样化，非结构化数据增长远大于结构化数据，如互联网中有大量网络日志、视频、图片、地理位置信息等。

❸ 高速性。数据增长速度快，处理速度要求快。大数据往往需要在秒级时间范围从各种类型的数据中获得高价值的信息，这一点和传统的数据挖掘技术有着本质的不同。

❹ 价值性。价值密度低，商业价值高。只要合理利用数据并对其进行准确的分析，将会带来很高的价值回报。

大数据特点可以归纳为 4 个 "V"，即 Volume（规模性）、Variety（多样性）、Velocity（高速性）和 Value（价值性）。

（2）大数据技术的应用

❶ 环境感知。尽管自动驾驶汽车配有雷达和视觉传感器，使它们能够感知周围的环境，但如果不能获得可靠的数据流，以及了解周围的情况和未来的

预判，自动驾驶汽车就会存在安全风险。未来的自动驾驶汽车可以依靠传感器和已有的大数据，将不同数据有效融合起来，建立一个基于大数据的感知系统，保障自动驾驶汽车的安全行驶。

❷ 驾驶行为决策。自动驾驶汽车行驶过程中，如何将汽车控制好，这样的驾驶行为决策在路况简单时，过去传统的方式是基于规则的判定。而在未来更复杂的环境包括拥堵情况，基于数据驱动的驾驶行为的决策，会变成未来整个发展的主流。大数据在交通行业已经实现商业化应用。采集了车速及安全带使用、制动、加速习惯及下班后的用车习惯等相关信息。若该类数据可以共享，用于自动驾驶，研发人员可将该类数据用于机器学习，更精确地定位车辆信号及路况情况，从而提升自动驾驶的安全性，降低事故发生率。

什么是云计算技术？

云计算没有统一的定义，简单来说，云计算就是将很多计算机资源和服务集中起来，人们只要接入互联网，将能很轻易、方便地访问各种基于云的应用信息，省去安装和维护的烦琐操作。

美国国家标准与技术研究院对云计算的定义：云计算是一种按使用量付费的模式，这种模式提供可用的、便捷的、按需的网络访问，进入可配置的计算资源共享池（资源包括网络、服务器、存储、应用软件、服务），这些资源能够被快速提供，只需投入很少的管理工作，或与服务供应商进行很少的交互。

（1）云计算的特点

❶ 支持异构基础资源。

❷ 支持异构多业务体系。

❸ 按需分配，按量计费。

❹ 支持资源动态扩展。

❺ 支持海量信息处理。

因此，云计算甚至可以体验每秒 10 万亿次的运算能力，拥有这么强大的计算能力可以模拟核爆炸、预测气候变化和市场发展趋势。用户通过计算机、笔记本、手机等多种方式接入数据中心，按自己的需求进行运算。

（2）云计算的应用

❶ 海量数据存储备份。自动驾驶汽车实际运行中产生的各类数据对远程故障诊断、定期检测是必不可少的。但海量的数据存储、备份和分析则带来成本上的压力。云端存储和大数据分析能力极大减少了这方面的成本，并且能降低因数据丢失导致的风险。其中云端实时地处理自动驾驶汽车传来的道路数据，识别哪些可以被以后数据处理应用，更新数据；哪些需要实时处理，并把对应的理解数据传给自动驾驶汽车等均涉及云计算技术。

❷ 自动驾驶汽车的快速开发测试。自动驾驶汽车的功能设计、开发和测试环境的维护，其成本都是极其昂贵的，但使用效率并不高。使用云计算技术，可以快速地在云端搭建起虚拟开发测试环境，一旦新的功能和服务开发测试完成，也可以直接通过云端推送给用户。自动驾驶算法的研发流程（开发、训练、验证、调试）在云端实现，从而大幅提升算法迭代效率，云计算技术对于自动驾驶是非常重要的。

大数据让自动驾驶汽车具备老驾驶员的经验；云计算不但让自动驾驶汽车学习这些老驾驶员的经验成为可能，更让自动驾驶汽车在行驶中具有整个交通全局的信息视野和决策能力。

 ## 什么是多接入边缘计算技术？

多接入边缘计算（MEC）是一种网络架构，为网络运营商和服务提供商提供云计算能力以及网络边缘的 IT 服务环境。

MEC 与 C-V2X 融合是将 C-V2X 业务部署在 MEC 平台上，借助 Uu 接口或 PC5 接口支持实现"人 - 车 - 路 - 云"协同交互，可以降低端到端数据传输时延、缓解终端或路侧智能设施的计算与存储压力，减少海量数据回传造成的网络负荷，提供具备本地特色的高质量服务（图6-12）。

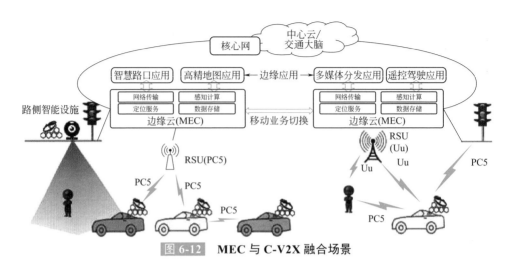

图 6-12　MEC 与 C-V2X 融合场景

多接入边缘计算技术的分类如图 6-13 所示。

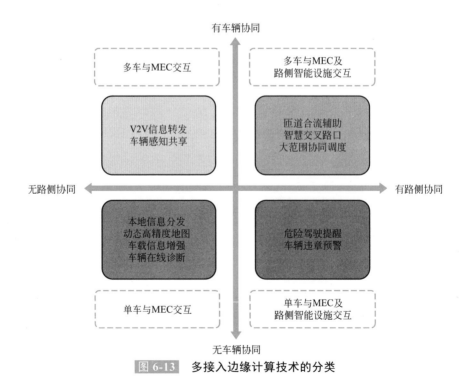

图 6-13　多接入边缘计算技术的分类

❶ 单车与 MEC 交互场景示意如图 6-14 所示。

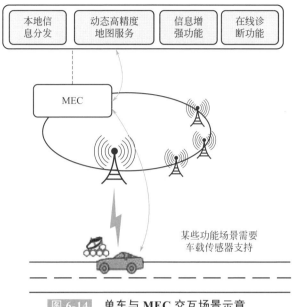

图 6-14　单车与 **MEC** 交互场景示意

❷ 单车与 MEC 及路侧智能设施交互场景示意如图 6-15 所示。

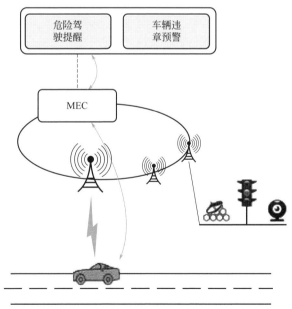

图 6-15　单车与 **MEC** 及路侧智能设施交互场景示意

❸ 单车与 MEC 协同交互场景示意如图 6-16 所示。

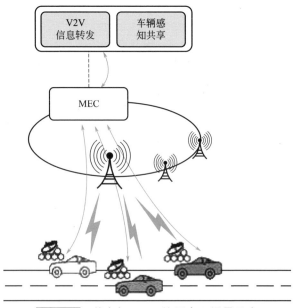

图 6-16　单车与 **MEC** 协同交互场景示意

④ 多车与 MEC 及路侧智能设施协同交互场景示意如图 6-17 所示。

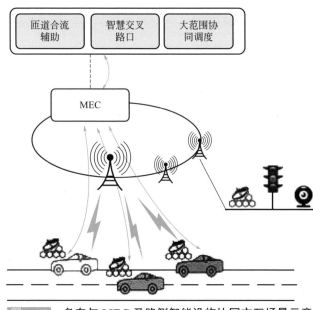

图 6-17　多车与 **MEC** 及路侧智能设施协同交互场景示意